战略与运营突破

孙军正　刘明勇◎著

中国财富出版社

图书在版编目（CIP）数据

战略与运营突破／孙军正，刘明勇著.—北京：中国财富出版社，2014.11

（企业成长力书架）

ISBN 978－7－5047－5412－7

Ⅰ.①战… Ⅱ.①孙… ②刘… Ⅲ.①企业战略—战略管理 Ⅳ.①F272

中国版本图书馆 CIP 数据核字（2014）第 249118 号

策划编辑	刘淑娟		**责任印制**	方朋远
责任编辑	刘淑娟		**责任校对**	杨小静

出版发行	中国财富出版社	
社　　址	北京市丰台区南四环西路 188 号 5 区 20 楼	**邮政编码**　100070
电　　话	010－52227568（发行部）	010－52227588 转 307（总编室）
	010－68589540（读者服务部）	010－52227588 转 305（质检部）
网　　址	http://www.cfpress.com.cn	
经　　销	新华书店	
印　　刷	北京京都六环印刷厂	
书　　号	ISBN 978－7－5047－5412－7/F·2260	
开　　本	710mm×1000mm　1/16	**版　次**　2014 年 11 月第 1 版
印　　张	14.25	**印　次**　2014 年 11 月第 1 次印刷
字　　数	212 千字	**定　价**　35.00 元

QIYE CHENGZHANGLI SHUJIA

企业成长力书架

编委会

前　言

中国的市场经济已经从最开始的雏形，发展成了今天成熟而独具个性的社会主义经济模式。中国有些企业已经无法跟上市场经济的脚步，面临着被淘汰的命运。而《战略与运营突破》一书能够帮助这样的企业走出低谷，重新站在市场经济的浪潮中，披荆斩棘，为中国的市场再增添一个优秀的企业。

对于中国的企业家来说，中国的市场经济来得过于迅猛，有些企业家还没有做好准备，市场经济的大浪就已经打过来了，笔者愿意用本书与各位企业家进行一次深度的沟通，不仅用自身的真知灼见启发企业家们的战略思维，开启中国企业的运营管理机制模式，而且希望能够有更多的中国企业家进入到世界企业家的行列中，为此，将感到无比的自豪和骄傲。

笔者从事企业战略和运营教育已经多年，对于中国现代企业的战略与运营有一些心得和体会。这些都是写本书的目的和动机，希望本书能够帮助企业突破自身的局限性，进入到更广阔的发展空间里。也希望本书能够帮助读者个人，突破自我，在企业中获得更多更好的发展机遇。

本书的观点和理念，是笔者多年来看到并且体会到的。国内外的企业中，关于战略与运营的各种各样的概念和思维，有些时候会让人无从下手，眼花缭乱，不知道哪一个是对的，哪一个是不对的。本书中，总结和概括了关于企业战略和运营的概念和理念，找到了一些适合于中国的市场经济，以及中国企业的观点和理念，希望有所助益。

本书融合了笔者的心血，以及笔者多年来的一些心得和体会。全书共分为战略突破和运营突破两个部分，在战略突破部分里，着重地介绍了战略对于现代企业的重要性，以及企业如何才能够获得战略性的成功。在运营突破部分里，着重介绍了5I运营管理机制模式。

此外，书中还有一部分的分享时刻、讨论、训练和实战模拟，如果有条件，不妨模拟一下。

本书与其他类型书的最大的不同之处，就是尽量用通俗易懂的语言讲解一些艰深难懂的概念，用实践来代替说教，用具有实际意义的方式方法，代替书本上的理论。笔者在写本书的时候，注重的是实际的可操作性，以及在工作中的可运用性。因为中国的市场经济发展到今天，已经不再是最开始靠着胆子大、机会好就可以经营一家企业的市场了。今天的中国市场经济是成熟的，甚至是挑剔的，对于处于变革当中的中国企业和企业家们来说，真正的成功是战略性的成功，真心在做企业的人都会明白这一点。靠着一点运气和胆量就敢闯市场的时代，已经彻底地过去了。因此，对于想在市场中占有一席之地，发展企业的中国企业家们来说，只有战略能够让企业不死，只有运营能够让企业获得最好的结果。

最后真诚地说一声"谢谢！"，谢谢所有为了本书而认真工作的人们，谢谢你们！

作　者

2014 年 8 月

目录
Contents

第一部分　战略突破

第二部分　运营突破

第一部分

战略突破

第一章　企业原点：把握"不死"的战略

你的企业今天的财务目标是多少？你的企业凭什么赚钱？你有没有看到企业问题背后的问题？想要解决企业各种层出不穷的问题，就必须要把握住战略，如此一来，你的企业才能够"不死"。简单地说，战略就是一种如何看待问题，如何解决问题的方式。企业战略的基础对内是员工，对外是客户。

战略性的成功 VS 机会性的成功

你的企业是靠什么成功的？靠战略还是靠机会？也许有些人会说，靠机会也不错，只要可以赚钱就行了。但是你真的找到赚钱的途径了吗？成功是需要很强的逻辑思维作为基础的，如果无法找到成功的逻辑，那么成功会非常短暂。要想获得长久的成功，就必须把企业的机会性成功转变为战略性成功。

那么，战略性的成功和机会性的成功有什么区别呢？

首先，以市场规律划分：符合市场规律的成功就是战略性成功。不符合市场规律的成功就是机会性成功。

其次，以客户价值划分：符合客户价值的成功就是战略性成功。不符合客户价值的成功就是机会性成功。

最后，以个人和组织能力划分：个人和组织能力合二为一的成功就是战略性成功。只和个人能力相关，不与组织能力相关的成功就是机会性成功。

万科企业股份有限公司董事会主席王石先生对于机会性成功和战略性成功，有过这样一段叙述，我们可以从王石先生的这一番话里，品味到无论是企业还是市场，需要的都是战略性成功，而绝对不需要机会性成功。

王石先生说："我的许多看法都是用教训换来的。20世纪80年代搞贸易利润在80%以上，但利润高，大家都去搞，结果从80%掉到8%，甚至2%，最后无利可图。后来我做了个计算，把万科1984—1994年的贸易盈亏相加，结果是负数！于是我得出结论：市场是很公平的。你怎么从暴利赚的钱，你再怎么赔进去。所以当我们进入房地产业时，尽管有些头脑热，有点盲目投资，但我还是把握住了一点，就是房地产不是一个暴利的行业。所以在1992年万科就明确提出，超过25%利润率的房地产项目我们不做。要知道那个时候社会上的说法是低于40%不做，一味追求暴利反而会丧失许多机会。"

分析王石先生的话，我们可以得到以下几个层面的含义：

第一个层面：机会性成功是在抢夺市场资源，而战略性成功是在创造市场资源；

第二个层面：市场是公平的，市场只允许战略性成功的持续发展；

第三个层面：机会性成功会让企业丧失原本非常好的发展机遇，沦为暴利的牺牲品。

任何企业家都不希望自己的企业是瞬间消失的流星，而市场是非常公平的，市场会精心挑选符合市场规律，并且以战略取得成功的企业。无论在任何情况下，战略性成功都要优于机会性成功，因此企业千万不能为了眼前的利益，而放弃了长远而持久的发展。准确地说，机会性成功只是短期效应，而战略性成功才是属于企业的真正的成功。

由以上的分析，可以得出以下结论：

结论一：当今的中国市场已经建立了成熟的市场经济体制，中国企业已经从抢夺市场资源，靠机会赚钱、靠关系维持企业的高增长期，正式进入了以战略和执行为主要经营方式的持续发展期。如果你的企业还在想着如何一夜暴富，那么结局只能是被市场所淘汰。

结论二：随着中国市场经济日臻成熟和完善，中国企业家的角色也随之转变，从市场经济初期的经营市场为主的市场政治家，转变为以核心竞争力为主的战略管理者。这一转变充分说明了，中国的企业家不再是只依靠市场和政府，就可以成为行业的领导者，而是必须培养核心竞争力，让自身成为优秀的战略管理者。

结论三：面对越来越完备的市场经济体制，任何一家企业都不可能只靠自身的力量来赢得市场利润，成为行业的领先者。当今的企业必须要懂得，如何联合所有的优势资源为己所用，通过合作、结盟、收购和并购的方法，达到资本市场的高度优势化，以及巩固企业的核心竞争力，以此走向世界级的企业。

不难看出，处于中国市场经济成熟期的企业，必须放弃一切使企业一蹴而就的想法，用战略性成功把企业带入一个全新的发展平台上。因此，战略性的成功 VS 机会性的成功，两者之间的优胜劣汰已经非常清楚明了了。无论对企业还是对企业家，战略性的成功都是唯一正确的选择，也是可持续发展、壮大的唯一正确的方法。

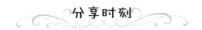

分享时刻

互动——战略性成功和机会性成功的实际操作

请你说出在现实的企业操作中，哪些成功是战略性的，哪些成功是机会性的。如何才能够保证企业获得战略性的成功？然后，进行分组讨论，最好每一个人都要发言。

在现在的市场经济中，仍有一些企业家抱着侥幸的心理，尝试用机会性的成功来发展和壮大企业。这种尝试就是在把企业往火坑里推，更是让企业在市场经济中举步维艰的罪魁祸首。更简单地说，只有战略性成功才能够为企业提供更高等级的发展平台。

企业必须随着市场经济的成熟而成熟，不能够再因过去的那一套机会性成功而沾沾自喜。企业不仅需要遵循市场规律、客户价值，而且要为员工提供发挥其个人能力的空间。如此一来，企业就可以培养出属于自身的核心竞争力，并且使企业将外部的市场和客户，以及内部的员工，完美地统一起来，形成发展和壮大企业的合力。这股合力才是企业真正的战略性成功。

做企业与赚钱有什么不一样

企业是需要赚钱的，而企业不能够仅仅只是赚钱而已。做好一家企业需要从树立企业形象，以及企业文化开始，一步一步地把企业打造成尊重个人发展、真诚服务顾客、追求卓越品质的优秀企业。简单地说，做企业就是在做企业文化，把企业的每一个员工都团结在企业文化里。而赚钱只是企业的一个功能，就算不是企业也可以赚钱。

那么，做企业与赚钱之间究竟有什么不一样呢？

1. 做企业就是在做承诺

企业必须对客户和员工做出一定程度的承诺，不敢做出承诺的企业，一方面是没有实力，不敢承诺；另一方面是没有信誉，即便是承诺了也不会有人相信。无论是哪一个方面，都是企业非常大的发展障碍。因此，做企业就是在做承诺，而赚钱不需要任何承诺。

2. 做企业就是在做客户

对于企业来说，客户就是衣食父母。任何一家不重视客户的企业，都会受到市场非常严厉的惩罚。明确企业的客户群体，发展可能的客户群体，正是做企业最关键的一步。无论企业出于任何原因，都必须竭尽全力为客户服务，让客户满意，因为客户就是企业的上帝。而单纯的赚钱不需要为客户服务，只需要客户付账。

3. 做企业就是在做员工

企业要让员工看到前途，一家可以给员工一个好前途的企业，才能够留住人才，培养出属于企业的核心骨干员工。企业最需要的是员工的忠诚，而员工最需要的是企业给予自身最好的发展机遇。因此，做企业就是在给员工创造一个未来，并且用企业的能力留住最优秀的员工。而赚钱不需要留住任何员工，只要简单的劳力就可以了。

4. 做企业就是在做平台

企业需要一个发展的平台，更需要成为员工发展的平台，因此做企业就是要把企业做成一个平台。平台越大发展越好，员工在企业中的未来就越好，企业也会有更好的发展。这是一个良性循环模式。而赚钱不需要任何平台，只需要钱货两清就可以了。

如果我们把做企业和赚钱两者互换一下，就会发现，好企业一定是赚钱的，但是只会赚钱的企业，绝对不能够被称为好企业。美国沃尔玛百货有限公司的创始人山姆·沃尔顿就是一个懂得如何做企业的人，2002年11月29日，沃尔玛公司的日销售额突破了14亿美元。

山姆·沃尔顿在一次过圣诞节时，对沃尔玛的员工有过这样的讲话："我希望你们跟着我宣誓，我要你们承诺，无论何时，当你们与顾客的距离在三米之内时，你必须看着他的眼睛，问候他，并询问：你需要什么？"

山姆·沃尔顿接下来强调了这是只有沃尔玛能够做到的事情，他说："我想世界上任何零售商都做不到我向你们提出的建议，这其实很简单，也并不花费什么，但我相信它能够创造奇迹，对我们的顾客绝对是一种奇迹，而且我们的销售额会直线上升。"

当看到有的员工很为难的样子，山姆·沃尔顿鼓励他们说："我知道你们中有人是因为天生害羞，有人是因为不愿意打扰他人，但如果你们照我的话去做，我肯定它一定能够帮助你成为一个领导者。"

在山姆·沃尔顿的面前，依然有低着头不想接受的员工，山姆此时显现出了一个企业家的魅力，他说："因为这样做会让你的人格得到健全，会让你变得外向，会在未来使你成为商店经理，部门经理或者地区经理，甚至是任何你想要的职位。这会给你带来奇迹，我保证。"

山姆·沃尔顿话音未落，全体员工就爆发出了经久而热烈的掌声，每一个人都从山姆·沃尔顿的话里听到了自己的未来和希望，更加明白了一个道理：因为我是沃尔玛的员工，所以我的命运和企业的命运是连在一起的。

每一个进入沃尔玛公司的员工，都要牢牢地记住一段誓言。山姆·沃尔顿总是对员工说："记住，在沃尔玛，我们说的就是我们做的，现在，我要你们举起右手，跟随我一起念：'从今天起，我庄严宣誓并做到，只要任何顾客，走进我的三米视线内，我必定笑脸相迎，必定看着他的眼睛，微笑问候：有什么可以帮你的吗？'"

这样的宣誓绝对不是走形式而已，这段誓言会被每一个沃尔玛的员工记在心里。正是这样的誓言创造了日销售额突破14亿美元的奇迹，也正是这样的誓言让沃尔玛成为世界性的连锁企业。相信人们会在很多沃尔玛店里都看到过这样的标语："①顾客永远是对的；②顾客如有错误，请参看第一条。"在沃尔玛购物的时候，我们不仅可以买到称心如意的商品，而且也能够享受到沃尔玛员工最贴心的服务。

从沃尔玛公司的案例中，我们能够很清晰地看到，究竟做企业和赚钱有哪些不一样的地方。

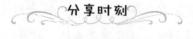

分享时刻

互动——5分钟时间讨论与分享

请设想一个给客户创造价值的场景，请你写下一段话，让你的员工与你一起宣誓，永远为客户创造价值！每一个人都要发言，看一看谁的话能够真正打动其他的人。

企业家需要完成角色的三大转变

对于每一个有了企业的人来说，只有完成了三个角色的重大转变之后，才能够成为企业家。否则，就算你的企业在市场中占有一席之地，你也不是企业家。准确地说，领导企业前进的必须是一个合格的企业家，如果你没有完成角色转变，你就无法成为企业家，更加无法带领你的企业继续向前。任何一个企业家都明白一个道理：企业家必须具有冒险和创新精神，战略性成功和机会性成功不是一回事。

从市场竞争的角度来说，一个普通人带领的企业不具备核心竞争力，而只有一个企业家才能够站在战略的高度看待所有的问题。首先，只有企业家才能够懂得用战略领导企业前进，并且在市场中拥有属于企业的核心竞争力。其次，不是有了企业之后，就会自动成为企业家的。

那么，究竟需要完成什么样的角色转变，才能够从一个普通人过渡成一个企业家呢？

1. 第一个角色转变：从超级员工到团队领袖

企业家是不需要事必躬亲的，也不需要知道每一个工作流程，以及掌握每一个岗位技能。企业家只需要知道，谁最适合什么岗位，谁是某一个工作的最佳人选。因此，要想成为企业家，首先就要摆脱超级员工的角色定位，教会你的员工如何自己发现问题，解决问题，并且完成工作，而不要每一项工作都亲自去做。

因为你的角色已经发生变化，你要从了解工作转变成了解团队中的每一个员工。你不再需要事事都自己动手，而是需要领导更适合的人，更好地完成工作。准确地说，从自己干活到指挥别人干活，从超级员工转变成团队领袖。

2. 第二个角色转变：从市场政治家到战略管理者

什么是市场政治家？就是用政治家的手段来经营企业的人。这是中国特殊的体制所造就出来的。那么，什么是战略管理者？用战略持之以恒经营企业的人。这是中国的企业家必须要达到的高度。简单地说，市场政治家要管许多事情，海尔的创始人张瑞敏就曾经说过："中国成功的企业家要长三只眼：一只看市场，一只看内部，还有一只是看政府。"

战略管理者相对来说比较单纯，也比较不容易做。你要用最优秀的解决方案来领导企业，用真正市场的方式来发展企业，你的任务不再是时刻盯着政府，而是要时刻盯着市场。你要了解市场的全部动向，并且做出及时而有效的战略规划，从而赢得先机和利润。

因此，从市场政治家转变为战略管理者，正是中国现代企业家最困难也是最重要的一步。

3. 第三个角色转变：从个人能力到团队能力

企业家一定是个人能力非常强的人，但是个人能力强的人，不一定能够成为企业家。两者之间最大的差别就是：企业家会把个人能力完全融入到团队能力中，让自己成为团队的一分子，而不是非要突出表现个人能力，每时每刻都告诉别人"我很能干，我非常有能力。"

企业家懂得整合团队中的优势力量，为整个企业服务。在企业家的眼里，个人能力不是最重要的，能够用个人能力为企业创造出价值才是最重要的。因此，无论是企业家自身的个人能力，还是企业员工的个人能力，都要转变成团队能力，才能够为企业创造出最高价值。

从现实意义上来说，企业家完成这三个角色的转变，正是企业从机会性成功，转变为战略性成功非常重要和关键的一步。企业家和企业是密不可分的，有了战略管理者的企业家，才会有企业的战略性成功，这一点已经被无数的企业家和企业所证实。

要想成为一名最名副其实的企业家，必须在提高自身素质的同时，成为站得高看得远的领袖。并且任何事情都要先从企业的角度考虑，站在战略的高度作出决定。简单地说，企业家必须高瞻远瞩，必须懂得一个人是无法做好企业的，只有把所有的力量都集合起来，你的企业才能够更加的欣欣向荣。

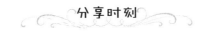

分享时刻

互动——谈一谈自己对角色转变的心得

要求：

①详细地说出自己在角色转变时的经历和心路历程，以及角色转变后的发展和成功，说出一个角色的转变就可以了。

②不要编故事或者说别人的事情，一定要说自己的亲身经历。

③就企业家的角色转变，说出自己的真实想法，以及经验教训。

每一个人都要发言，发言后要分组讨论，选出最好的发言，然后大家就最好的发言发表自己的看法和见解。

每一个人在分享时刻之后，都会得到不同的感悟。成为一名真正的企业家是非常不容易的事情，需要接受许多挑战，在不断充实自我、提高自我的过程中，完成以上三个角色的转变，进行一次从内到外的自我完善。

中国的市场经济已经日臻完善，中国的企业家也要加快自己的脚步，跟上时代的步伐。这里再一次提醒大家：不是一切拥有企业的人，都会成为企业家。这就是中国企业家的现状，我们距离和国际企业家接轨还有一定的距离，还要付出更多的努力。

战略是"罗盘"，是"地图"

战略是"罗盘"，那么"罗盘"是什么？简单地说，罗盘就是企业和员工的共同方向。准确地说，罗盘是指企业需要明确整体的发展方向，并且得到全体员工的认同，使得员工产生非常明确的归属感。

战略是"地图",那么"地图"是什么?简单地说,地图就是框架和思路。准确地说,地图是指企业明确整体发展的框架以及思路,为了企业今后的发展,建立完善的整体感。

众所周知,随着中国市场经济的日臻完善,市场中的竞争也越来越激烈。如果企业没有"罗盘"和"地图"在手,必将迷失方向,并且无法找到属于企业自身的发展之路。企业必须通过放弃获得焦点与关注,在战略层面上不断地为自身加分。

企业要如何掌握战略罗盘和战略地图呢?首先从战略罗盘说起:

1. 罗盘定位企业远景

对于企业来说什么才是最重要的?当然是远景。有远景的企业才能够有一直发展的动力,而只有战略罗盘才能够定位企业的远景,使得企业在方向明确的前提下,不断地纠正自身的失误,加强自身的核心竞争力,用战略来实现企业的远景规划。

企业的成功绝对不可能是盲目的,机会性的成功无法带给企业远景。这个时候,企业就需要战略罗盘发挥作用。从另一个角度来说,企业的方向不是某一个或者某几个人说了算的,只有战略罗盘决定的方向,才能够获得全体员工的认同。

2. 罗盘告诉员工未来

对于员工来说什么才是最重要的?可以看见自己未来的发展才是最重要的。我相信,没有任何一个员工愿意为一家不给自己未来的企业工作。如果员工看不到自己在企业中的作用、自己的前途,那么员工为什么还要为企业努力奋斗呢?

因此,企业必须承诺给员工一个未来,而战略罗盘就是解决这个问题的。在市场经济中,企业只有用战略罗盘明确的远景,才能够打动员工,使得员工愿意把自己和企业紧密联系起来。从战略罗盘中,每一个员工都会看到自己在企业中的未来。

3. 方向一致，勇往直前

罗盘就是企业的战略定位，也是员工的发展指南。在战略罗盘的指引下，企业和员工有了统一的前进方向。既然方向一致，那么就算有一些小矛盾，也是可以迎刃而解的。其实道理非常简单，战略罗盘定位企业的远景，为了达到这个远景，企业就必须培养自己的核心员工，而员工的归属感是非常重要的。

战略罗盘使得企业和核心员工成为一个整体。企业在做任何战略的时候，都有核心员工的参与，核心员工的每一步发展，都和企业密不可分。而企业和员工之间的硬道理就是战略罗盘，在战略罗盘中，企业和员工的方向一致，自然就可以勇往直前了。

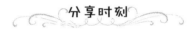

分享时刻

互动——学习运用战略罗盘

每一个人都要根据自身的具体情况，用战略罗盘定位一个远景，并且要获得小组中大多数人的认同。这个时候，每一个人都是企业家，每一个人也都是员工。

讨论：选出最有实际操作价值的战略罗盘。

接下来，我们再来说一下战略地图。

1. 地图建立企业框架

既然企业发展的方向已经明确，那么企业就不应该再是一盘散沙。战略地图将会建立起属于企业的整体框架。就如同要想建筑大厦，必须有完善的设计图纸一样，企业框架就是企业的设计图纸。从战略地图上企业会知道，自身在哪些方面需要加强，哪些方面需要减免，哪些方面阻碍了企业的发展。

有了战略地图之后，企业就可以依图行事，不仅能够获得事半功倍的效果，而且还可以及时纠正企业的偏差和失误，使得企业能够更加顺利地发展下去，最终达到设定的远景。

2. 地图决定企业思路

企业的发展需要统一的思路，战略地图决定了企业的思路。任何一家企业的发展，都是被思路所指引着，不同的思路造就了不同的企业。因此，战略地图不仅为企业指明脚下的道路，也为企业决定了要运用哪一种思路。

简单地说，目标决定思路。战略地图上企业的坐标就决定了企业思路。做好企业不是你想什么就是什么的，而是要用一种对企业有利的思路，发展并且壮大企业。

3. 地图让战略更加完整

中国的企业正在逐渐适应市场经济，并且从战术性企业发展为战略性企业。地图可以使得企业的战略更加实用和完整。准确地说，战略地图的作用就是让企业清醒明白的完成发展和壮大。企业从战略地图中会获得更多的指引，明白现在企业处于哪个阶段，需要哪种能力，哪种战略。

因此，地图是企业必不可少的战略，战略更是准确的地图。战略地图对于企业来说，就是万丈高楼的最坚实的地基。

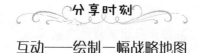

分享时刻

互动——绘制一幅战略地图

要求注意战略地图中企业框架和思路的具体体现，以及地图完成之后，是不是建立了企业发展的整体感。

讨论：评出最好的战略地图。

战略就是"道"和"理"

战略就是"道"和"理"。战略的"道"就是道路，"理"就是规律。两者结合在一起，就是战略。

好的战略是需要有道有理的，有道无理的战略是盲目的，就如同我们经常说的"有勇无谋"。有理无道的战略是无法实现的，也就是我们平时所说的"南辕北辙"。因此，战略就是"道"和"理"，两者必须相辅相成，缺一不可。

对于企业来说，一个成功的战略，其中不仅要指明企业未来的发展路径和目标，也要明确企业用什么样的经营方式以及经营理念来达到最终的战略目标。战略中的"道""理"就是要把战略目标，以及实现目标的方式和理念进行有机结合，最终得到完美统一的战略规划。

战略中的"道"就是道路，是企业对于未来发展之路的选择。简单地说，就是要成为什么样的企业。"道"就是在尊重并符合客观行业发展规律的前提下，对企业未来发展道路的最终选择。

在战略的"道"之中，首先，企业要有明确而统一的战略目标。有了目标的道路才是正确的道路，如果企业没有任何战略目标而盲目地发展，那么最终导致的结果一定是不好不正确的。在人类的发展历史中，人与动物的根本区别就在于：人类的活动具有非常明确的目标性。

其次，企业要选择一条直达战略目标的道路。虽然战略目标得到了一定程度的明确，但是对于道路的选择还是会产生误差。那么对于企业来说，一条能够直达战略目标的道路，就显得非常的重要。准确地说，能够达到目标的道路绝对不会只有一条，所以企业要选择一条最符合企业自身条件，最适合企业发展的道路。如此一来，"道"才能够发挥真正的作用。

最后，企业要有相对完整的行动战略。任何一种战略都需要最终的实现，如果企业的战略只停留在文件里，那么战略就失去了原本应该具有的意义，变成了"纸上谈兵"。对于战略的"道"来说，最关键的就是要有人"走"。无论"道"选择的多么成功，如果没有人"走"，也是无法达到目标的。因此，有效的行动战略也是非常关键和重要的。

实际上，"道"是非常简单易懂的。一个企业要想得到发展，要想赢得市场，就必须有属于自己的"道"。这个"道"既要与众不同，又要切实可行。但是"道"绝对不是凭空想象而来，而是要根据企业的具体情况，找到一条可供企业持久发展的"道"。

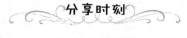

互动——"道"的训练，5分钟

请你给企业规划出"道"，要从目标、道理、行动入手，一定要具体可行。然后小组内每一个人都把自己的"道"分享给同组的人，之后进行讨论。

战略中包含了许多"理"，中国先贤孙膑所著的《孙子兵法》里，就体现出了战略中的"理"。《孙子兵法》中有"知天""知地""知彼知己百战不殆""不战而屈人之兵，善之善者也"的旷世名言。这些名言真理都对应着战略当中的"理"。

"知天"对应着战略中的"生死之理"；"知地"对应着战略中的"存活之理"；"知彼知己百战不殆"对应着战略中的"制胜之理"；"不战而屈人之兵，善之善者也"对应着战略中的"持续之理"。

从现代企业的战略来说，每一个"理"都说明了一个基本问题，也为企业指出了具体需要解决的问题。简单地说，"理"就是规律，指明了企业的必然发展趋势。我们应该要明白一个道理：在任何一个时代都是时势造英雄，而绝对没有英雄能够创造一个时势的。

"生死之理"就是企业要生存要发展，就必须有统一的指导思想。有了指导思想的企业，才是群龙有首的企业，思想就是一个企业的"头脑"。关于这一点，企业和个人是有所相似的，一个没有头脑的人是不会成功的，同样的道理，一个没有头脑的企业，也是注定要被市场所淘汰的。

因此，"生死之理"就是企业的指导思想。

"存活之理"就是企业的全部业务。企业的业务就是企业的业绩，有了业绩企业才能够在立足市场的基础上，谋求一定程度上的发展空间。安排好企业的各种业务，让业务带动企业发展，壮大后的企业又可以提供给业务更好的平台，这是一个良性循环的过程。

因此"存活之理"就是企业的业务发展。

"制胜之理"就是企业的竞争优势。企业要想赢得更大的空间，以及更广阔的市场占有率，就必须拥有独特的竞争优势。简单地说，就是企业区别于其他同行的差别优势。要想拥有独特的竞争优势，一方面要制定完善的竞争战略，另一方面则不能够忽视企业的价值战略。市场的竞争是残酷的，企业必须确立自身的市场地位。

所以，"制胜之理"就是企业的竞争优势。

"持续之理"就是要创造出企业的持续竞争优势。没有一家企业希望自己只是昙花一现，任何企业都需要更长久地占有市场，更持续地发展壮大。那么，企业该如何才能够拥有持续发展的能力呢？企业在确定自身的核心竞争力的同时，也要培养一批核心的企业员工。还有一点是非常重要的，企业的一切战略安排和部署都必须紧紧围绕核心竞争力，使得核心竞争力不断地得到巩固和提高。

所以"持续之理"就是企业的持续竞争优势。

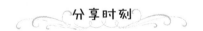

分享时刻

互动——"道"和"理"的有机结合，5分钟

请你充分运用理解的"道"和"理"，制定一份企业的战略规划。内容不用太详细，但是大体框架一定要体现出哪些是"道"，哪些是"理"。然后大家相互讨论，取长补短。

战略就是道路和规律的高度统一，也就是本节说的"道"和"理"。企业只有在明确了自身的"道"和"理"之后，才能够有的放矢地制定出企业的战略规划。并且在实现战略规划的时候，可以用最有效最直接的工作方法，避免犯一些不必要的错误，走一些不必要的弯路。因此，战略就是"道"和"理"。

战略的四个基本问题

当代中国大多数企业的兴衰都包括在以下战略的四个基本问题里：

第一个问题：企业靠什么指导思想？

第二个问题：企业靠什么指导业务安排？

第三个问题：企业靠什么获得竞争优势？

第四个问题：企业靠什么获得持续的竞争优势？

要想解决好上述战略的四个基本问题，我们就要从战略规划中获得启示，找到问题的最有效解决方案。首先，要了解战略的四个基本问题的根本属性；其次，要知道战略的四个基本问题，与战略的"理"之间有着怎样的关系；最后，要把战略的四个基本问题与战略规划结合起来看待。

以下用一个表格来展示一下战略的"理"，战略的四个基本问题，以及战略规划和具体内容之间的关系。

表1　　　　　　　　战略规划、要解决的问题以及具体内容

战略规划	要解决的问题	具体内容
知天——凝聚人心：战略指导思想	企业靠什么来指导思想	远景 核心价值观 战略目标
知地——整合业务链：业务指导原则	企业靠什么来指导业务安排	核心业务 增长业务 种子业务
知彼知己——核心业务：创造比较竞争优势	企业靠什么获得竞争优势	价值战略 竞争战略
不战而屈人之兵——核心竞争力：创造持续竞争优势	企业靠什么获得持续的竞争优势	核心竞争力认定与培育 基于核心竞争力的战略安排

从上述表格中我们可以看出，要想解决战略的四个基本问题，我们需要一定的基础条件。而每一个问题都有一些具体内容，我们只有针对这些具体的内容，才能够顺利地解决问题，获得准确的问题答案。而每一项具体内容，都有非常详尽的细则。我们只有逐条逐款的实现，才能够最终完成具体内容，有效地解决战略的四个基本问题。

1. 企业靠什么来指导思想

这个问题在战略规划中对应着"生死之理"，也就是知天。而要解决这个问题，企业要在明确企业远景和核心价值观的基础上，确立统一的并且被企业员工认同的战略目标。如此一来，在战略方向以及战略目标都非常清楚的基础上，指导思想就会自动形成，并且成为企业上下的一致思想。

从实际意义上来说，第一个问题就是要解决企业怎样才能够凝聚人心的问题。

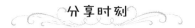

分享时刻

互动——说出你对"企业靠什么指导思想?"这个问题的理解

在互动发言中，仔细聆听别人的见解，对照自己对这个问题的认识，看一看哪些方面是应该改进的，哪些方面是具有优势的。

讨论：每一个人都要发言，说出自己的指导思想。

2. 企业靠什么来指导安排业务

安排业务就是战略规划中的"存活之理"，也就是"知地"。大多数企业的业务都分为核心业务、增长业务、种子业务。简单地说，核心任务就是企业的生命线，能够保证企业的基本生存，以及日常运转。增长业务就是对核心业务的补充，以及企业的现金流可持续的有力保证。种子业务就是企业的未来，种子就是企业明天的希望，企业的增长业务就是从种子业务中挑选出来的。

从根本意义上来说，第二个问题就是整个企业的业务链条，使得企业的业务永不枯竭。

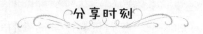

互动——说一说你是怎么安排业务的

要求：发言一定要具体到不同的业务，而不要一概而论。并且说明你是怎么看待业务和业务之间的关系，以及是依据什么来安排业务的。

讨论：选择最优秀的安排业务方案。

3. 企业靠什么获得竞争优势

竞争优势对应着战略规划中的"制胜之理"，也就是"知彼知己"。解决问题的途径非常简单，通过明确企业的价值战略和竞争战略，从中获得竞争优势。企业面对的是激烈的市场竞争，如果没有属于自身的价值和竞争战略，那么企业就会误入歧途，甚至会满盘皆输。

实际上，企业的竞争优势就是由核心业务所决定的。

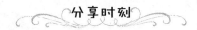

互动——说一说你的企业竞争优势是什么

具体分析竞争优势的组成，以及为什么说这些业务就是企业的竞争优势，并且要具体阐述你对制胜之理的解释和想法。

讨论：如何才能够做到知彼知己？

4. 企业靠什么获得持续的竞争优势

持续的竞争优势就是战略规划中的"持续之理"，也就是"不战而屈人之兵"。解决问题的根本就是对于企业核心竞争力的认定和培养，以及围绕核心竞争力所制定的战略安排。企业只有不断地强化核心竞争力，才能够获得持续发展的机遇，才会在市场经济中赢得一席之地。

归根结底，企业的可持续发展就是对于核心竞争力的创造和培养，不断地巩固核心竞争力，才是企业获得持续竞争优势的最终解决途径。

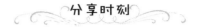

分享时刻

互动——你是怎么解决战略的四个基本问题的

逐一说出对于战略的四个基本问题的想法、做法、解决方案。结合企业的实际情况，把每一个问题尽量说得细致一些。

讨论：说一说谁解决的最好。

企业管理者的战略思维逻辑

要想企业获得战略性的成功，企业管理者就必须具备战略思维逻辑。无论任何问题都要用战略思维逻辑思考，无论任何情况都必须用战略思维逻辑来解决。当企业管理者用战略思维逻辑来完善自我的时候，你的企业就已经迈出了赢得战略胜利的第一步。那么，什么样的思维逻辑才是真正的战略思维逻辑呢？准确地说，战略思维逻辑就是用战略的"罗盘"和"地图"明确企业的远景和核心竞争力；用战略的"道"和"理"来解决企业生存和发展中的一切问题。

企业管理者需要用战略思维逻辑解决战略的四个基本问题：

1. 企业为什么存在

企业管理者的战略思维逻辑重点要落到企业的远景和文化，以及企业的战略目标和核心价值观上，并且用战略中的"生存之理"来考虑以下几个问题：①企业的远景是什么？②如何让企业不死？③企业的目标远景，核心价值观是否合理？

2. 企业如何才能更好地存在下去

企业管理者的战略思维逻辑要从如何安排企业的三层业务链入手，用战略的思维逻辑，认真思考企业的今天、明天、后天。结合战略的"存活之理"，企业管理者要思考以下几个问题：①企业的核心业务是什么？这是解决了"存"的问题。②企业明天和后天的业务又是什么？这是解决了"活"的问题。

3. 企业凭什么竞争才能够制胜

企业管理者的战略思维逻辑中要纳入两大内容：企业的价值战略和企业的竞争战略。站在战略的角度来思考"制胜之理"：①企业要想发展必须先要"活"着，首先解决今天的竞争问题。②进一步深化企业的核心竞争力，深化"存"的问题。③企业制胜的前提就是"知彼知己"。"知彼"就是要把竞争对手研究透彻；"知己"就是要做好企业内部的战略诊断。④一定要清楚地知道：价值战略是竞争战略的基础。

4. 企业凭什么可以持续发展，并且长久不衰

企业管理者的战略思维逻辑要把重点放到核心竞争力的识别，以及核心竞争力的培育上，并且把战略中的"持续之理"融会贯通其中，然后用战略的思维逻辑思考以下问题：①基于创造独特价值的组织学习能力。②不断地学习能力，不断提高客户价值，使企业持续下去。③企业家的洞察力和业务一线的实施能力。

企业管理者的战略思维逻辑必须从尊重规律开始，明确一条道理：若规律不在，一切皆无。而且企业管理者的战略思维中不能缺少对客户的敬畏，因为没有源于内心的对客户的敬畏，就不会有来自制度体系对客户价值的追求。对于企业管理者来说，员工是非常重要的，所以企业的管理者必须重视员工的成长。如果企业的一切扩张没有建立在集体学习能力的基础上，那么扩张就等于死亡。

因此，企业管理者的战略思维逻辑首先要尊重规律；其次要敬畏客户；最后要重视员工成长。只有基于这三点，企业管理者的战略思维才是正确的，才能够使企业和员工获得最大的利益。

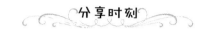

分享时刻

互动——讨论企业管理者的战略思维

要求：

①当今中国企业的生存现状是什么？结合实际案例说明自己的观点。

②要想让企业在市场竞争中不被淘汰，你有什么行之有效的办法。

③根据企业的自身行业来说明，什么才是具有竞争能力的优势。

④每一个企业都想具有可持续发展的能力，这样的能力从哪里来。

讨论：你同意谁的观点，说出原因。

既然当今的中国已经是市场经济的世界，那么企业的生死存亡就不再是政府说了算，而是由企业战略来决定。正是因为如此，企业的管理者才需要具备战略的思维逻辑，以及战略的眼光和高度。企业管理者的战略能力，在某种意义上决定了企业的战略高度。因此，企业管理者的战略思维逻辑才会实实在在地影响着企业的战略目标和方向。

由此可见，战略思维逻辑是每一个企业管理者必须具备的技能。通过战略思维，企业管理者不仅可以看懂市场的需求，而且也能够给予企业员工最好的发展和未来。企业管理者要学会在失败的时候，回到企业的战略原点，找到重新成功的源泉。在成功的时候，不要狂妄而是时刻提醒自己企业还存在着危机。

当企业管理者真正拥有了战略思维逻辑之后，就会在行动的时候，为客户提供专业而持久的服务；并且把客户和员工当成自身的指路明灯，为企业的发展和持续发展留下最有效最实用的战略。

战略能够让企业不死，因为战略本身就是不死的。用战略的思维和模式来管理企业，才能够让企业最终赢得战略性的成功。我相信，没有任何企业管理者不希望自己的企业能够长久不衰，那么抛开传统的、不符合市场规律和需要的经营模式，从思想到运营，从内部到外部，从管理者到员工，都要开启战略模式。

第二章　战略第一根支柱：战略指导思想

战略的第一根支柱就是战略指导思想。首先企业是需要凝聚人心的，其次企业要明确远景，然后制定出企业的远景规划。企业的核心价值观必须是统一的，那么企业的核心价值观从何而来呢？就是从战略指导思想中获得。用战略指导思想，企业不仅能够明确战略目标，而且还可以提高战略目标的维度，使得企业上升到一个全新的高度和发展平台。

战略指导思想支撑起战略，使得企业的战略更加稳固。我们要充分理解并运用战略的第一根支柱，让战略指导思想为企业找到适合的发展之路，并且把企业打造成立于不败之地的金牌企业。凝聚人心、企业远景、核心价值观、战略目标，就是完整的战略第一支柱。

企业用什么来凝聚人心

企业用来凝聚人心的事物有三个：远景、核心价值观和战略目标。其中远景和核心价值观解决了人们的"灵魂需求"，而战略目标解决了人们的"物质需求"。当人们的精神和物质两方面都得到满足的时候，无论是客户还是员工都会被企业的力量所吸引，为企业的魅力而凝聚在一起。

1. 远景怎样凝聚人心

从未来到现在，从现在到未来，远景是一种企业文化，远景预示着战略的"生死之理"。关于远景，通俗一些的解释就是，谁能与你一起走得最远，而现在和你最近的人，不一定会与你一起走到未来。那个与你走到最远的，就是你的远景。

对于企业来说，远景就是用来回答谁会与企业一起走到最后。企业管理者有时候会犯一个错误，认为现在认同企业的人，才是与企业走到最后的人。但是从战略思维逻辑出发，只有认同企业远景的人，才是最终与企业走到最后的人。

因此，企业的远景就是用来吸引志同道合的客户、员工，以及其他企业的。当所有的人都认同了企业的远景，就等于所有的人都和企业一起为远景而奋斗，此时企业的凝聚力是最强大，也是最具有感召力的。所以，企业用远景来凝聚人心。

2. 核心价值观怎样凝聚人心

核心价值观可以帮助企业管理者辨别人心。哪些人心是真的，哪些人心是假的，核心价值观就是一把标准尺子，只要量一量就能够知道。对于企业来说，真的人心自然要积极争取，并且长久地保留住。假的人心也不要全部放弃，能争取的尽量要争取。那么哪些人心是可以争取的呢？企业只需用核心价值观来衡量，自然就会有答案。

核心价值观还是企业全体成员需要信守的最高准则，无论企业的成员要做什么，在想什么，都要从企业的核心价值观出发。而且当企业成员需要判断是非对错的时候，核心价值观就是唯一的标准。由此可见，核心价值观是企业以及员工的行为和思想指南，只有核心价值观一致的人，才能够真正的为企业走到一起来。

因此，企业要用核心价值观来凝聚人心。

3. 战略目标怎样凝聚人心

战略目标是实现远景和核心价值观的方法和途径。企业管理者应该明白一个道理：不是所有的业绩都对企业有利。有些业务虽然能够带给企业很多的利润，却不符合企业的战略目标，那么这种业务不仅无法让企业前进，反而有可能让企业付出不应该付出的代价。所以，企业的一切业务都应该围绕战略目标展开，才能够让企业不断地发展壮大。

战略目标是企业全体成员统一的目标，所有的人都会为了实现战略目标而努力。当企业全体成员为了统一的目标而努力工作的时候，企业就会产生强大的凝聚力，而每一个企业员工都会感受到这股凝聚力，并且很愿意成为凝聚力当中的一分子。

因此，企业要用战略目标来凝聚人心。

企业就是用远景、核心价值观、战略目标来凝聚人心的，这三样法宝可以让企业中的每一个人都充满无限的动力。无论是企业管理者，还是企业中的普通员工，有了这三样法宝，就有了未来和思想，以及最有效的实现方法和途径。

那么，企业该如何凝聚人心呢？

企业持续战略的设计从根本上讲，不过是对商业法则和价值公理的遵守过程。那些优秀企业之所以长盛不衰的秘密之一，就是将人性化的理念与商业化的操作成功地融为一体。企业要想凝聚人心，首先必须明确以下几点：

①现在和企业最亲密的人或者企业，不一定会与企业一起走到最后。

②现在最听话的人或者企业，不一定会与企业形成最密切的合作关系。

③在企业中获得最多利益的人和企业，不一定会与企业风雨同舟，同甘共苦。

那么，谁才能够和企业一起走到最后？谁才是企业最亲密的合作伙伴？谁能够和企业风雨同舟，同甘共苦呢？实际上答案非常简单，就是认同企业的远景，与企业有共同的核心价值观，并且为了同一个战略目标所努力奋斗的所有人。企业就是要凝聚这样的人心，并且把这样的人心长久地留在企业中。凝聚人心是每一个企业的必修课，怎样才能够凝聚人心是每一个企业管理者的必备技能，因为只有人心才能够让企业更上一层楼。

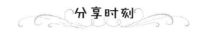

互动——说一说你是怎么凝聚人心的

要求：

①结合实际情况，分别说出远景凝聚人心，核心价值观凝聚人心，战略目标凝聚人心。

②不要一概而论，用过哪一个说哪一个，不要借鉴和改编。

③不需要都说成功的案例，也说一说失败的案例，从失败中吸取更多的经验。

④每一个人都要发言，最好能够形成文字。

讨论：企业究竟怎样凝聚人心？什么方法凝聚人心最有效？

凝聚人心不仅可以让企业从内部获得最大的支持，而且也能够让企业获得外部的合作伙伴。做企业不是要把企业做成孤立的，而是要让企业拥有最忠诚的员工，在市场中拥有最广泛的客户，以及同行业企业的支持。

企业远景 = 野心 + 判断

企业的远景就是企业的未来，企业管理者应该明白：没有对远景的认同，眼前的甜言蜜语是靠不住的。从战略的角度看，企业的远景 = 野心 + 判断。野心就是企业管理者对企业发展的狂想野心，判断就是企业管理者对行业规律的理性判断。野心是精神基础，判断是物质基础，两者必须结合起来，企业远景才是有胆识有谋略的。

有些时候，企业管理者不能十分清楚地知道，到底谁才能够与企业走到最后。因此，企业管理者需要建立自己的战略思维逻辑，战略思维会告诉企业管理者，只有认同并参与企业远景的人和企业，才是自己最可靠最亲密的合作伙伴。

任何企业的远景都必须是两方面内容的结合：一方面是发展野心，企业要表明自身在行业中希望达到的高度，必须占据的位置。另一方面是对行业规律的判断，企业要对身处的行业有十分清醒的认识，并且要洞察整个行业的规律，以及判断出行业的发展和未来。

1. 野心是企业动力的源头

要想让企业不断向前发展，就必须时刻对企业的员工进行激励和鼓舞。但是，仅仅依靠利益建立起来的联系会非常的脆弱，一旦遇到任何风吹草动，员工和企业之间的链条就会松动，甚至是断裂。因此，企业必须用野心作为企业动力的源头，让每一个员工都能够共享企业远景。

（1）用野心反映出共同的利益

企业管理者和企业员工必须要共同制定企业远景，把每一个人对未来的野心都融会其中。只有这样的企业远景才能够反映出企业和员工的共同利益。简单地说，对企业未来和发展的野心，要充分地把企业和员工结合起来，形成一种密不可分的共同体。

（2）用野心创造出共同的远景

众所周知，企业如果迷失了远景，那么企业的生存手段和生存目的就会产生很大的偏差，最终直接导致企业的决策失误，甚至是破产倒闭。因此，我们要用野心创造出共同的远景，并且用野心把企业和员工凝聚在一起，让企业员工对企业远景拥有最大限度地共享权力。

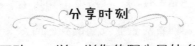

分享时刻

互动——说一说你的野心是什么

不要觉得不好意思，大胆地表述自己的野心。因为你的野心有多大，企业的未来就有多成功。写一篇100字的《我的野心》。

讨论：谁的野心最让你心动？

2. 判断为企业指明方向

企业从具体形象到三层业务链，从战略意图到战略目标；企业管理者从战略思维到实际行动，从战略眼光到最终决策，都是源于对行业和市场规律的准确无误的判断。任何判断都必须是理性的，夸大利润或者缩小危机，在影响判断的同时，也会为企业带来毁灭性的打击。

（1）判断明确远景目标

企业未来的形象塑造，以及企业的战略意图，还有究竟要走哪一条发展之路等都是远景目标。而正确的远景目标不仅可以成为企业存在的根本，更能够指明企业的终极发展方向。所有的一切，都是建立在对行业准确无误的判断基础上，因此只有判断才能够明确企业的远景目标。

（2）判断回答远景性质

企业的远景究竟能不能够最终实现？这个问题必须用判断来回答。对于市场和行业规律的判断，对于战略和业务的判断，对于关于企业发展和未来的一切判断，都回答了远景性质究竟是一场海市蜃楼，还是一场革新大战，究竟是无法达成的空想，还是可以完成的目标。

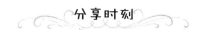

分享时刻

互动——你对行业规律是怎样判断的？
你的判断对企业远景产生影响了吗

具体描述一下你对行业规律的判断，以及在制定企业远景的时候，你的判断是否有用武之地？你都是怎么做的？

讨论：你认为谁的判断最准确？

由上述可知，企业远景是野心和判断的完美统一，那么，就必须把野心和判断结合起来，不能够忽视任何一方面。其实道理非常简单，野心是激励人心的，判断是冷静理智的。如果只有野心而没有判断，那么企业远景就容易误入空想，或者幻想当中。如果只有判断而没有野心，那么企业远景就会变得瞻前顾后，走一步退三步。我们不仅不会实现企业远景，还会与企业远景拉开更大的距离。

企业的员工是需要不断激励的，用野心激励员工，以及用物质刺激员工，两者之间最大的区别就是：用野心激励员工能够取得长期效应，以及员工对企业远景的认同；用物质刺激员工的作用是暂时的，一旦物质用尽，那么员工就会恢复到原来的样子。

面对行业规律的时候，我们都必须冷静地判断，企业会朝着判断出来的方向前进，虽然不知道什么时候可以实现，但是只要判断准确，我们总有一天会实现企业远景。

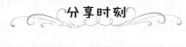

分享时刻

互动——远景训练

每一个人都要结合自己的实际情况，写出自己的《远景规划》。这些《远景规划》不要求非常成熟和完美，只要求充分地展现出对未来的野心，以及对行业的判断。

讨论：你认同谁的《远景规划》？为什么？

怎么制定企业的远景

制定企业远景的时候，要用一两句话清晰生动的描绘出企业的未来。不仅要具有鼓舞士气和凝聚意志的作用，而且要让企业全体员工明白，达到战略目标之后，企业会是什么样子，员工会获得怎样的发展。这是制定企业远景的画龙点睛之笔，要求：第一，能够说明实现远景之后，企业的具体变化。第二，用情绪化，生动而情绪的语言来描述，尽量不要使用逻辑性、分析性的语言。

制定企业远景是有一定的表现形式的，比如"××企业要在××领域中做到……"这样的表述有三点具体的要求：

1. 要能够激发出野心

激发野心分为两个部分，一部分是要激发企业管理者的野心；另一部分是要激发企业员工的梦想。企业管理者的野心同企业员工的梦想相结合，才是最完美也是实现率最高的企业远景。当企业中的所有人，因为一份远景而看到自己想要的未来时，就是企业最具有凝聚力、最有人气的时候。

要想激发出野心和梦想，就必须用生动但不空洞，清晰但不清淡的语言，告诉企业全体成员，我们的企业将会是什么样子，在这样的企业中你将会是什么样子。有了明确的目标之后，不仅成员干劲会百倍的增长，而且也能够留住所有的人心和人才。

2. 要做出明确的判断

做出明确的判断包括两个部分，一部分是要对产业发展做出准确的判断；另一部分就是要对企业在行业中的位置做出准确的判断。判断的准确与否，直接关系到企业远景是否能够顺利实现，只有能够实现的远景，才具有最现实可行的意义。

要想做出明确的判断，就必须深入了解产业结构，熟悉行业规律，并且对企业有清醒而理智的认识。为企业远景的制定提供理论依据，并且提供可行性方案的支持，如此一来，企业远景的一切描述就变得具体详细，而且可以实现了。

3. 要有十分准确的描述

无论是要激发出野心和梦想，还是要做出明确的判断，都离不开准确得当的语言描述。企业远景中的语言描述不仅要具体生动，而且要能够打动人心。因此，描述语言要切中要点，不要泛泛而谈。要达到预期的语言效果，不能让他人觉得假大空。

企业远景就是要为企业全体成员，用语言描绘一幅未来的蓝图，让每一个人都能够从企业的未来蓝图中找到自己的梦想和未来。当个人和企业被远景紧密联系起来的时候，企业就不用再担心员工的忠诚，员工也不会再计较企业的物质条件和待遇。

Sony 公司之所以能够成为世界著名企业，正是因为其自身制定的远景规划。Sony 是以改变日本产品在全世界眼中的不良印象作为实现企业价值的远景。

对于每一个 Sony 的员工来说，远景究竟意味着什么呢？Sony 公司要进入美国市场，成为全世界的制造商，并且要建立起完善的销售网络。Sony 公司要通过创新，抓住市场机遇获得成功。

每一个 Sony 公司的员工都要从现在做起，在未来的 15 年里，努力使 Sony 公司成为世界一流的品牌，并且拥有一流的质量和创新，让日本制造成为优质产品的代名词，而再不是劣质品。

Sony 公司的远景关键把企业价值和人文价值结合起来，向企业中的每一个人说明了一个道理：金钱并不能说明企业存在的价值。

从上述案例中，我们可以看到企业远景在企业发展和前进中，所能够起到的决定性作用。Sony 公司所获得的战略性成功是全世界有目共睹的，制定企业远景的成功正是加速 Sony 公司的战略性成功的关键。由此可见，企业远景的制定是非常重要的。

制定企业远景的方法有很多，以下重点说三种：

1. 目标型远景

制定 5 年、10 年、15 年等不同阶段的远景，使得企业和企业员工在不同的时间段里，都有非常明确的奋斗目标。目标型远景需要用简短的语言表达出来，比如：要成为世界知名企业，并且改变日本产品在全世界眼中的不良印象。或者成为并永远保持世界最强大，服务最好，地域最广的金融机构，等等。

2. 挑战型远景

挑战型远景就是要为企业和企业员工树立一个必须打垮和征服的对

手，并且在每一个生产环节都要与对手的优势相对比，找到企业的不足之处，及时加以改正。比如，打垮 RJR（英美烟草公司）成为烟草行业第一，制服阿迪达思，摧毁雅马哈，等等。

3. 控制型远景

控制型远景就是要把企业未来的成就清楚地描述出来，让企业的每一个员工都知道，企业将会成为什么样子，员工在企业中将会得到怎样的发展平台。比如：企业要成为行业中的第一名，企业将通过革命性的变革，使得企业既具有大公司的强势，又具有小公司的灵活精干，或者将企业从抵御型转变成为世界上最多样化的高科技企业，等等。

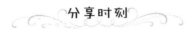

互动——结合实际情况，写出企业的远景和使命描述

要求：

①激发企业家的野心——远景首先是企业家的抱负，企业家要回答。

②激发员工的梦想，全公司员工大讨论——远景是我们共同的梦。你希望公司的未来是怎么的？你大胆地去想吧！即使有些疯狂！朝更远的地方看！

什么是核心价值观，它有什么用

企业的核心价值观就是企业中全体成员所普遍认同的，并且以此作为日常工作执行、思想以及判断是非对错准则的核心逻辑。核心价值观以指导企业运营，员工行为为基本原则，集中反映了企业管理者的主要战略思想和战略意图。

核心价值观是企业安身立命的根本，也是企业在一切战略上的指导核心。当然，核心价值观只是企业的指导原则，而不能够与企业的经营方法混为一谈。但是如果企业为了短期的利润和好处，而放弃核心价值观，那么企业在无法达到战略目标的同时，企业的远景规划也会沦为一纸空文。

每一家成功的企业都有属于自身而无法被他人复制的核心价值观。Sony 公司的核心价值观分为三大点：

第一，Sony 公司要为提升本国的文化，以及提高国际地位而努力奋斗。

第二，Sony 公司里的每一个员工都要勇为先锋——不甘人后，挑战极限。

第三，Sony 公司的企业管理者，不仅鼓励员工个人发挥才干，而且也鼓励个人的创新。

Sony 公司创造核心价值观的关键，就是人文价值的商业化，简单地说就是不依赖权力和金钱来激励员工，而是要让员工在人文价值中，不断地受到企业核心价值观的熏陶。Sony 公司的核心价值观从国家利益入手，首先让企业员工有了使命感，使命感能够让员工感觉到，员工不是在单纯地出卖自己的劳动力，而是在为未来的美好生活而努力奋斗。其次，Sony 公司的核心价值观是针对每一个员工的，不仅鼓励员工不怕困难，勇往直前，而且也鼓励员工充分发挥自己的聪明才智，不断创新才能够有更加美好的未来。

毋庸置疑，Sony 公司的战略性成功是得到全世界认同的，那么我们就要学习 Sony 公司的优势，而为自己所用。并且能够把别人的优势巩固为自己的优势，变得比对手更强大。这才是我们学习 Sony 公司核心价值观最关键，也是最重要的战略目标。

从上述内容中，我们知道了什么是企业的核心价值观，而核心价值观的作用又是什么。简单地说，企业共同的、核心的理念就是核心价值观，而指导企业中全体成员的执行、思维、判断是非对错的核心逻辑，就是核心价值观的主要作用。

企业的核心价值观集中体现了企业管理者一生的追求和梦想，企业管理者要把自己终身信奉的价值观，广而告之为企业全体成员的核心价值观。企业管理者最懂得员工的心理，知道什么样的远景才能够激发出员工的梦想，什么样的核心价值观才能够使得员工对企业忠诚不贰。把核心价值观作为企业的一切战略指导，正是企业获得战略性成功最坚实最有效的第一步。

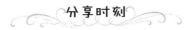

分享时刻

互动——结合实际情况，写出企业的核心价值观

要求：

①用两三句话说出企业的核心价值观，并且与企业远景相结合，说出核心价值观的优势所在。

②核心价值观对企业产生了哪些作用？员工的接受程度如何？有什么样的变化吗？

讨论：说一说谁的核心价值观最好？为什么？

从实际意义上来说，核心价值观就是为了解决谁才是企业真正的忠臣，才是企业真正的朋友。共同的理念能够立刻就让企业变得黑白分明，谁是真心的，谁是假意的，由核心价值观把关衡量，一下子就能够分得清清楚楚、一目了然。

有些人会问，就算分清楚了对企业有什么作用呢？作用当然是非常大的。当企业中都是拥有共同理念的人，那么无论从企业的经营，还是从企业的日常运转来说，都是非常有利的。企业的内外上下就会被核心价值观关联成一个整体，企业就像一部完美无缺的机器一样，得到的除了丰厚的利润之外，还有战略性的成功。

当企业在战略决策中发生分歧的时候，唯一能够解决分歧的，就是企业的核心价值观。当个人在工作中遇到难题，或者不知道应该如何处理的时候，唯一能够让我们走出困境的，还是核心价值观。对于企业来说，核心价值观能够从执行方法到思维方式，从解决经营中的分歧到统一决策中的分歧，凡是企业的事情，核心价值观都是战略和思维的指导理念。具体来说，核心价值观具有以下作用：

1. 核心价值观能够分辨忠奸

企业人员的核心价值观一样，才能够在一起为企业而奋斗，没有统一的核心价值观，企业就是一盘散沙。

2. 核心价值观可以辨别是非

企业中有形形色色的人，就有形形色色的矛盾，有了核心价值观，是非黑白就会很容易辨别了。

3. 核心价值观可以指导经营

经营一家企业是非常不容易的，能够拥有统一的行动和思想，对于企业管理者来说是梦寐以求的事情。

由此可见，核心价值观是企业选拔人才，决定经营战略等重大事件的核心理念。简单地说，核心价值观就是一个企业的心脏。所有能够随着核心价值观一起奋斗的人，都是企业未来的重要人才。

核心价值观从何而来

核心价值观首先产生于企业管理者，或者企业拥有者所信奉的价值观。其次，核心价值观是企业战略层面的核心团队的共识。最后，核心价值观也是从时代精神中提炼出来的，如果核心价值观落后于时代，那么它的作用就会自动消失，不会给企业带来任何优势，反而会让企业蒙受一些不必要的损失。总而言之，企业的核心价值观的产生，注定了它既有非常独特的一面，也有很大众化的一面。

那么，核心价值观究竟从何而来呢？

1. 由企业总裁或者企业管理者提出大致方向

企业总裁或者企业管理者都是有着丰富人生经历，以及市场经验的人，因此，企业家们对于企业经营的哲学与人生观，都是非常具有深度，以及充分融合时代特点的。企业产生核心价值观的第一步，就是要由企业总裁或者企业管理者，根据自身的经历提出一个大致的方向，并且提出初步的意见和建议。

毋庸置疑，企业家们的人生经历，以及他们对于市场经济的认识，比我们任何一个人都要深刻。因为企业家是市场经济的亲身经历者，他们最有权力也最有资格指导企业的核心价值观。从根本上来说，企业的核心价值观就是企业家获得成功的人生价值观。

2. 由全体员工或者核心员工进一步讨论

企业的核心价值观在战略角度上，就是企业的核心思想和理念，因此，需要企业全体员工的认同。但是在大型企业中，让每一个员工都发言显然是不实际的。这个时候，企业培养的核心员工就要发挥自身作用了。因为，核心员工还是可以代表大多数员工的思想和意见的。

全体员工或者核心员工需要对企业总裁制订的核心价值观，进行更深一步的讨论，并且结合自身的岗位情况、工作状态以及所了解的企业情况，综合地讨论并融合员工自身的经历和价值观。如此一来，核心价值观的雏形就基本可以确定下来了。

3. 由各个部门进行筛选和评定

企业有许多的部门，而每一个部门的具体情况都有所不同。因此，企业的各个部门必须根据本部门的实际情况、人员组成及部门负责人的经验，筛选并评定什么样的核心价值观，才是部门真正需要的核心价值观，并且能够对部门未来的发展起到指导作用。

当部门对企业核心价值观进行筛选和评定的时候，应该注意几个问题：首先，核心价值观不是一个部门的，在结合本部门实际情况的时候，也要顾及企业的其他部门。其次，核心价值观是企业的指导理念，而不是面面俱到的经营方针，两者之间有本质的不同。

4. 由企业中的专业人士进行总结

核心价值观对于企业来说是心脏和灵魂，因此最终的确定还是需要由专业人士进行总结。当今的市场是非常复杂的，企业的每一步都必须慎之又慎。作为企业指导理念的核心价值观，更是要经过专业人士的总结和评估，以此最终确定下来。

专业人士不仅对企业的内部结构、运营方式，以及行业规律和前景都非常了解，而且能够从专业的角度，分析并深入到核心价值观的内部，使得最终的核心价值观能够得到企业大多数人的认同。实际上，核心价值观的产生本身就是解决了认同度的问题。

5. 最终选择能够诠释企业文化的核心价值观

此时，核心价值观进入到了执行阶段，在这个阶段中，企业要用机制和事件，强调并体现企业的文化，使得企业员工更加直观地感受到核心价值观的重要性，以及核心价值观对日常工作和未来发展的真实意义。如此一来，企业最终选择的核心价值观才能够诠释企业的文化。

如果企业的核心价值观无法体现企业文化，以及企业特点，那么这样的核心价值观就是失败的。不仅无法指导企业前进，更无法帮助企业达到战略目标。因此，只有与企业文化融合在一起的核心价值观，才能够获得企业全体员工的认同，并且带领着企业向战略目标不断前行。

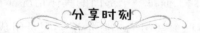

分享时刻

互动——说出你的企业核心价值观是怎么产生的

要求：结合企业的实际情况，不要千篇一律，也不要杜撰故事。说明你的企业核心价值观体现了怎样的企业文化？如何获得企业全体员工的认同？并且现在已经起到了哪些作用？

讨论：谁的核心价值观的产生最科学，产生后最有效？为什么？

综上所述，核心价值观是从企业家的价值观而来，也是从企业全体成员的价值观而来，更是从企业文化中而来。因此，企业的核心价值观不是某一个人的价值观，而是企业中每一个人的价值观。企业的战略目标和战略意图，都是围绕着核心价值观展开的。

从企业的角度来说，企业要在核心价值观的指导下，不断完善核心业务，培养核心人才。如此一来，企业才能够达到最终的战略目标，赢得企业的战略性成功，也能够在市场经济中成为金牌企业。

什么是战略目标，它有什么用

战略目标就是用来回答，如何才能够实现企业远景和核心价值观的。战略目标的主要作用就是为实现企业远景和核心价值观提供可行的方法，以及最有效的途径。企业家应该明白一个道理：做企业不是不需要业绩，最关键的是你需要的是哪一种业绩？在战略目标的问题上，企业家经常会犯一个错误：就是把所有的业绩都认为是成功的，而忽略了企业真正需要的业绩。我们要的是客户价值之上的业绩，这些才是真正的业绩。

要想实现战略目标就必须要用战略思维，那么什么是战略思维呢？

战略思维就是告诉你，从战略的角度，如果我们的业绩成功，不符合我们的远景与核心价值观，其中最重要的是客户价值，那么这样的成功，就不是战略性的成功！

非战略性的成功，注定是不会长久的。

典型的企业战略目标示例：

市场：4年内微波炉的销售量增加到100万台/年。

产品：5年后淘汰利润率最低的产品。

生产：5年内企业生产能力提高20%。

生产率：4年内每个工人的日产量提高10%。

资金：5 年内流动资金增加到 2000 万元。

研发：5 年内陆续投资 50 万元开发一种新型产品。

赢利能力：5 年内税后投资率增加到 15%。

组织：4 年内建立一种分权制的组织机构。

人力资源：5 年内，以每人不超过 8000 元的水平，对所有员工实行不少于 3 个月的培训。

社会责任：5 年内向"希望工程"捐助增加到 200 万元。

从以上的企业战略目标示例中，我们可以清楚地看到这家企业在 5 年内要实现的战略目标。无论是对于市场还是对于生产，包括资金运作和人力资源管理，社会责任都是非常清楚、一目了然的。任何一家企业如果有了这样清楚明白的战略目标，都会取得市场的信任，并且赢得长久的战略性胜利。这个示例就是每一个企业家应该拥有的战略思维。

俗语说"实践出真知"，所以我们要以上面的示例为标准，进行战略目标的演习。

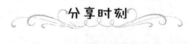

分享时刻

互动——集团战略目标演习

市场：

产品：

生产：

生产率：

资金：

研发：

赢利能力：

组织：

人力资源：

社会责任：

以上需要你以实际情况为基础，以上面的示例为标准，做出企业 5 年内的战略目标。

企业有了战略目标之后，每一个部门都必须有自己的战略目标实施计划。部门的战略目标实施计划越具体越可行，越能够保证整个企业的战略目标实现。因此，部门要根据各自不同的情况、内部人员配置，以及市场规律等，做出完善的战略目标实施计划。

以下是部门的战略目标实施计划的示例。

东方公司营销部 2008 年战略实施计划

部门负责人：王刚

我的客户是：公司外部客户（终端客户、代理商）、产品研发部、生产部。

总裁给我指出的战略要点是：建立以客户价值为导向的 100 人营销团队，实现全年销售直销收入 2000 万元，渠道收入 4000 万元，共计 6000 万元。

按照总裁指令，在做文化、做团队、做机制三个方面上，在打造核心竞争力上，我部门要采取以下 10 项措施，为我的客户提供具体的结果。

表2　　　　　　　　　　我部门采取的 10 项措施

序号	结果	措施	备注
1	100 人	与人力资源部建立招聘标准与流程，保证招聘数量与质量，每季度新增 10 人，全年增加 40 人	现有销售人员 70 人，淘汰率 10%，需要新增 40 人
2	具有客户价值意识的队伍	每季度培训一次：我们的客户是谁，他们的需求是什么？我们怎样满足他们的需求	内部 2 次，外请培训公司 2 次

序号	结果	措施	备注
3	具有客户价值意识的队伍	建立客户价值奖，受到客户表扬，感动客户的员工获得，每月评比一次。全年获奖最多的员工为全年客户价值标兵	
4	100 人	设立末位淘汰机制，连续 2 个月业绩底量不能完成的，或文化价值观不认同的给予淘汰，全年淘汰 10 人	完善现有制度
5	直销 2000 万元	目标分解到各小组，与员工薪酬挂钩，提高超额部分的奖励比例。建立产品说明会的销售模式，组织专职讲解员队伍 4 人专门介绍公司产品	产品说明会是主要开源手段
6	渠道销售 4000 万元	增加渠道部人员达到 10 人，组建训练小组，编写训练教材，全国大区代理商培训至少 2 次。将工作重心从帮助代理商找市场，转移到帮助代理商建立赢利模式和帮助代理商训练员工业务能力上来	现有 7 人，其中有 3 人成立"训练小组"，专职做训练
7	客户满意率 100%	细化各部门客户服务流程，公司各部门建立内部责任制，营销部具有服务满意率一票否决权	需要总裁和各部门支持
8	支持研发部给建议	每月将客户对产品的意见收集整理上来，反馈到研发部，在总经理办公会上参与产品研发策略的讨论	需要总裁和技术部门支持
9	支持生产部给时间	建立商务谈判底线标准（产品种类、价格、生产周期），提高与客户签约的速度，同时考虑到生产部门的实际履约能力	需要总裁和技术部门支持

续　表

序号	结果	措施	备注
10	保证客户价值不跑偏	建立客户顾问机制，每季度约请大客户访问公司，汇报我们的销售策略，请他们为我们的产品与服务策略提出建议	

我们可以从以上的示例中看到部门对战略目标具体的实施计划，计划详细，可操作性很强。这样的战略目标实施计划才能够让企业远景和核心价值观得到具体实现，才能够获得客户价值之上的业绩，使企业获得战略性的成功。

战略目标的维度

战略目标的维度就是战略目标实现的实施细则，以及企业在哪些方面需要加强，哪些方面需要巩固。当战略目标制订之后，接下来就要开始制订战略目标的维度。具体来说，企业的战略目标是企业未来 3 ~ 5 年的发展目标，战略目标的维度包括以下几个方面：

赢利能力——用利润、投资收益率、每股平均收益、销售利润等来表示。

市场——用市场占有率、销售额或销售量来表示。

生产率——用投入产出比率或单位产品成本来表示。

产品——用产品线或产品的销售额和赢利能力、开发新产品的完成期来表示。

资金——用资本构成、新增普通股、现金流量、流动资本、回收期来表示。

生产——用工作面积、固定费用或生产量来表示。

研究与开发——用花费的货币量或完成的项目来表示。

组织——用将实行变革或将承担的项目来表示。

人力资源——用缺勤率、迟到率、人员流动率、培训人数或将实施的培训计划数来表示。

社会责任——用活动的类型、服务天数或财政资助来表示。

在企业的实际经营里，以上战略目标的维度可以概括为财务目标和战略主题两方面。所有的战略目标最终都会凝聚在这两个维度上。那么这是为什么呢？接下来就进行具体的分析。

1. 财务目标：量化的现实利益

战略目标的底线就是要保证企业的现实利益，如果企业为了实现战略目标而倾家荡产，那么战略目标的实际意义在哪里呢？而现实利益直接表现在财务指数上，准确地说，战略目标必须保证企业的正常运营，以及正常财务收入。

战略目标绝对不是一蹴而就的，它是企业实现远景规划道路上的里程碑，因此战略目标必须是具体的、定量的，而财务目标就是量化战略目标的最有力工具。企业用财务目标量化战略目标，不断地让全体员工看到自己劳动的成果。

量化企业的财务目标能够让企业和员工清楚地看到，在 3~5 年之内，企业具有哪些优势，在市场竞争中的实力如何。也能够充分地看到员工个人所拥有的现实利益，以及员工个人在 3~5 年之内的发展前景。

2. 战略主题：聚焦业务的方向

战略目标回答企业"我们的业务是什么？"非常明确地给企业指明了方向。这就是所谓的战略主题，它更加具体的聚焦了企业的业务方向。站在战略主题的角度看待企业业务，我们就可以知道哪些业务是企业需要的，哪些业务是对企业没有好处的。

任何一家企业的业务方向的选择都需要围绕财务目标进行，一方面企业需要选择聚焦能够达到财务目标的业务，发展并巩固这些业务，使其成为企业的核心业务；另一方面企业必须放弃其他非相关的业务，以便可以把优秀的核心员工都集中到核心业务中。

企业的业务方向聚焦为企业和员工回答：3～5年内企业聚焦于哪些客户，能够给客户提供什么样的价值。

TCL 的龙虎计划

李东生作为 TCL 集团的总裁，在 2003 年 7 月的时候，他针对 TCL 集团的发展现状，以及企业未来发展的前景，提出了龙虎计划，这是一个非常大胆而切实可行的计划。

在龙虎计划中，制定了 TCL 集团的战略目标。2005 年的战略目标是要实现销售收入 700 亿元，2010 年的战略目标是要达到销售收入 1500 亿元，并且将 TCL 集团建设成为具有国际化竞争实力的大型企业集团。

TCL 集团龙虎计划中，"龙计划"的核心是：

在未来 3～5 年内，TCL 的主要发展方向是国内的多媒体显示终端与移动信息终端两大业务，并且具备与世界级企业同场竞技的国际市场竞争力。最终目标是要进入全球同类企业排名前 5 名，成为一条名副其实的"龙"。

TCL 集团龙虎计划中，"虎计划"的核心是：

在未来 3～5 年内，TCL 集团要大力发展三大业务，即家用电器、信息、电工照明。并且要将正在发展的产品，继续发展成为企业的领先优势，以及国内市场的竞争优势，成为雄踞神州的"虎"。

TCL 的龙虎计划就是企业的战略目标，而在龙计划和虎计划当中，分别把战略目标的维度聚焦在财务目标和战略主题上。很明确地指明了企业在未来的 3～5 之内主要的业务方向，以及要完成怎样的财务目标。

综上所述，企业的战略目标的维度在充分考虑企业现状，以及市场和行业规律的基础上，不仅保证了企业各阶段的正常运营和赢利，也为企业和员工指明了各个发展阶段的业务方向，以及能够提供给客户的服务和价值。

企业战略目标的维度中，所包括的赢利能力、市场、生存率、产品、资金、生产、研究和开发、组织、人力资源、社会责任都必须做出最详细的实施计划，以及采取最有效的实施方法。准确地说，战略目标的维度越细致，实现战略目标的路途就会越平坦。企业和员工都知道自己应该做什么，什么样的业务必须全力以赴。

如此一来，企业上下必然会一心开展业务，发展企业，那么就没有什么问题可以难倒这样的企业。我们必须站在战略目标的基石上，把维度聚焦在最适合、最有价值的业务上。

第三章　战略第二根支柱：业务的安排

战略的第二根支柱就是企业对于业务的安排，通俗地说，就是企业今天、明天和后天的钱都从哪里来？实际上，业务的安排直接关系到企业的生存和发展，简单地说就是战略之"理"中的"存活之理"——知地。

合理地安排企业的业务首先要从认识三层业务链开始；其次是要学会规划企业的业务链，并且懂得三层业务链的转换规律，以此来好好管理三层业务链。对于战略目标明确的企业来说，具体的业务安排就是在一步一步实现战略目标。企业的业务链越完善，那么企业实现战略目标的脚步就越坚实。

总而言之，业务的安排之所以会成为战略的第二根支柱，正是由三层业务链的本质决定的。企业和员工都处在三层业务链之中，因此任何一个环节都不允许出现真空，或者错误。

认识三层业务链

企业的三层业务链指的是核心业务，增长业务，种子业务。三层业务链就是企业的生命线，不同的业务肩负着对企业存活的不同责任，也回答着企业关于如何实现战略目标的各种问题。三层业务链告诉企业和员工，我们今天、明天、后天的运营资金从哪里来，在保证企业生存的底线的基础上，企业必须保证做扎实有现金流的业务，因为有了现金流，企业才能够投资新的业务。

能够保证企业生存的业务就是核心业务。

当企业解决了生存大计之后，必须选择三层业务链中新的赚钱机会，注意对增长业务、种子业务的关注与投资。只要足够关注趋势，把握客户价值的变化，就一定有增长爆发的时候。

企业新的赚钱机会就是增长业务。

三层业务链是一种战略性的安排。企业可以在核心业务出现问题时，通过增长业务和种子业务的存在来化解风险。

存在着赚钱可能的业务就是种子业务。

要想在经营企业的过程中，正确地安排三层业务链，就必须先给企业正确的假设：企业必须要居安思危，认真的问一问：

①如果支撑企业目前赢利的业务突然崩溃，企业用什么新业务来支撑企业生存？

②如果企业看重的新业务也无法赢利，企业又将用什么新业务来支撑企业生存？

毫无疑问，企业需要三层业务链这一条生命线。从持续发展的角度看，企业今天挣了多少钱，实际意义并不算大，今天挣的钱只有在企业未来的战略目标背景下才具有实际意义。当企业在安排业务线的时候，最重要的就是要回答你今天、明天、后天的钱从哪里来。那种今天猛挣了几个亿的企业，明后天也许就面临着破产的危机。就企业持续发展本身而言，今天垮台和明天垮台的意义完全一样，企业持续的存活下去才是硬道理。

宝洁公司的三层业务链持续发展 170 年

核心业务：宝洁公司在 1837 年至 20 世纪 50 年代前，核心业务是：

1837 年，蜡烛和肥皂。

1879 年，象牙香皂。

1924 年，终止了蜡烛生产。

1926 年，生产 Camay 香皂。

1933 年，生产人工合成洗衣粉。

1946 年，生产洗衣奇迹汰渍。

1955 年，生产含氟佳洁士。

核心业务：宝洁公司在 20 世纪六七十年代的时候，核心业务是：

1957 年，收购了消费用纸。

1960 年，生产织物柔顺剂 Downy。

1961 年，生产帮宝适。

1963 年，收购并进军咖啡市场。

1972 年，生产柔顺剂 Bounce、碧浪等。

核心业务：宝洁公司在 20 世纪八九十年代的时候，核心业务是：

1983 年，生产护舒宝，并在 1985 年成为领导品牌。

1983 年，并购进入医药保健品市场。

1986 年，生产飘柔洗护二合一。

1989 年，生产化妆品、香料。

1992 年，生产潘婷发展最快的香波。

1996 年，生产无热量食用油 Olean。

1998 年，生产骨骼保健药物。

1999 年，生产宠物保健营养产品。

2001 年，收购伊卡璐。

2003 年，玉兰油销售超过十亿美元。

　　宝洁公司的核心业务一直在随着时代的发展而不停地变化着，利润也在不断地增长着。宝洁公司的三层业务链从来没有出现过任何断裂，非常完好地一直延续到今天。

爱多公司的业务安排，与公司破产之间的关系

1995 年成立的爱多公司非常顺利地发展到 1997 年，并且在 1998 年成为了中央电视台的标王，进军 VCD 行业。但是好景不成，爱多公司由于产品单一、技术更新不及时等原因，破产倒闭了。爱多公司在核心业务——爱多 VCD 没有达到预想的市场占有率，以及赢得利润的时候，没有新的增长业务，导致三层业务链的断裂，最终只辉煌了短短的 4 年，就以破产告终。

从上述两个正反案例中，我们可以得到这样一个结论：三层业务链是企业的生命线，这一条生命线是不能够断裂的，一旦发生断裂，那么企业就很难保住自身的生命了。因此，企业必须正确而合理的认识、规划三层业务链。而正确地认识三层业务链要从以下三个层面入手：

1. **第一个层面：维持或革新的核心业务**

企业现有的核心业务直接影响近期业绩，也是提供现金流，维持企业存活，以及第二、三层面业务发展的基础。这一层面的挑战是如何保持和发展竞争地位，挖掘现有核心业务的潜力，通过创新延长其生命周期，扩大经营额和利润量。

2. **第二个层面：建立中的新兴核心业务**

企业中正在崛起的业务具有高成长性，具有成为第一层面业务的潜力，并最终成为第一层面业务的替代业务。这一层面的业务就是增长业务。

3. **第三个层面：创造市场前景广阔的候选核心业务**

企业的长远业务的种子，需要跟踪、投入、开发、培育。这些业务可能比较幼小，但数量相对较多，可以培育、淘汰、挖掘、轮换。这一层面的业务和持续开发能够确保企业长期发展，也就是种子业务。

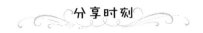

自我提问：为什么我们不能获得持续增长

表3	自我提问
第一层面：我们的核心业务是否带来了足够的赢利	1. 我们是否有强烈的业绩指导方针，增加利润和创收？
	2. 我们的成本结构是否有产业竞争力？
	3. 我们的经营业绩是否稳定？
	4. 销售份额是否增长或保持稳定？
	5. 我们是否有对抗环境变革的准备？
第二层面：我们是否有接替核心业务的新业务来创造同样或更多的赢利	1. 这些新业务在市场上是否走势看好？
	2. 我们是否准备了大笔投资加速其生长？
	3. 投资者对这些业务的信心是否在上升？
	4. 这些新业务是否吸引了卓越人才加入我们的组织？
第三层面：我们是否已有振兴现有业务或创建新业务的项目清单	1. 领导层是否足够地关心增长机遇和产业变革问题？
	2. 与过去两三年相比，这些待选项目是否有了大的不同？
	3. 我们是否找出了有效的办法将这些项目变成新业务？
	4. 我们是否有量化的、具体步骤来加速这些项目的应用？

逐条回答之后，把答案写下来，作为改进工作的有力依据。

如何规划业务链

影响企业三层业务链的因素很多，包括人口、经济、文化、政策和法律、技术、生态环境，这些都能够对本行业造成很大的影响。企业的三层业务链实际上就是存活之理，也就是知地逻辑——时势造英雄，而不是英雄造时势。

因此，企业要在审时度势的基础上，对三层业务链做出战略性的安排：

1. 第一个层面：维持或者革新的核心业务

这一层面的核心业务是企业中正在赢利的业务，因此要进一步的拓展和守卫。具体的实施包括以下几个方面：①年度经营计划；②战术计划；③资源决策；④制定预算。

2. 第二个层面：建立中的新兴核心业务

这一层面的核心业务是企业未来的优势业务，我们要利用企业的优势来定位，建立新兴的核心业务。具体的实施包括两个方面：①业务建立战略；②对新兴业务的规划。

3. 第三个层面：创造市场前景广阔的候选核心业务

这一层面是孕育企业未来核心业务的土壤，更是企业的战略远见，因此企业要创造有生命力的种子业务。具体的实施包括两个方面：①项目的初步计划；②项目的里程碑。

企业在规划业务链的时候，要从评估企业现有业务开始，确定哪些业务是有现金流的，哪些业务是支撑企业未来增长的。

首先，业务评估要从外部行业和内部业务两个维度考虑。企业考虑行业维度，正是为了弄清楚这个行业有没有钱赚，值不值得去赚。企业考虑企业业务，正是对自身的业务赚钱能力的现状作出评价。

其次，业务评估要有具体的标准和指数。业务评估主要从市场吸引力和企业业务竞争力两个方面考虑，根据所设计的具体指标以及各指标所赋予的权重，得出两个评分，然后建立坐标系，从而划分出各个业务的位置。

市场吸引力的评估包括以下几个参数：①市场规模；②行业增长速度；③行业的竞争态势。

企业竞争力的评估包括以下几个参数：①毛利率；②销售额的贡献度；③利润率；④客户的满意度。

企业对业务的综合评估，可以准确地划分出核心业务、增长业务、种子业务。核心业务的主要评定标准是：第一，当前利润的重要来源，也就是保持现金流的主要业务；第二，保障市场发展急需的资源，保证企业在市场中的占有率。

增长业务的主要评定标准是：第一，将会是企业三年后的重要利润来源，拥有可持续发展的特点；第二，有强大的研发和市场开发资源的支持。准确地说，可以利用企业现有资源，而不必有额外的花费。

种子业务的主要评定标准是：第一，部分可以成为企业未来利润的重要来源，需要普遍培养，重点选拔；第二，投入的资金要少，但是做的事情要多；第三，在培养和选拔的过程中，不断探索新的可能性。

对于成功的企业和企业家来说，合理地规划企业三层业务链，不仅是对企业家管理能力的检验，更是企业从现在到未来不断发展的有力保证。规划业务链就是为了完善三层业务链，而使其在任何情况下都为企业提供现金流，只要三层业务链不发生任何断裂，企业就能够在赢利的基础上，不断发展壮大，最终达到企业的战略目标。

宝洁公司的核心业务、增长业务、种子业务的三层业务链的规划

对于宝洁公司来说，自身没有稳固的核心业务，公司一切的发展计划和战略目标都是空中楼阁，因此宝洁公司对核心业务——香皂的关注度从来没有减弱过。香皂不仅创造了宝洁公司，而且专注发展了108年，为后来宝洁公司的许多品牌发展奠定了基础。直到今天，香皂仍然是宝洁公司的核心业务，并保持不断创新：

1837年，宝洁公司开始生产销售肥皂和蜡烛。

20世纪20年代，有了电灯泡之后，主要业务转为了香皂。

1879年研发出象牙皂，1882年开始在全国销售。

1890年，共销售包括象牙皂在内的30多种类型肥皂。

1926年，推出Camay香皂。

1930年，收购Thomas Hedley有限公司，建立第一个海外分支机构，

销售 Fairy 香皂。

1963 年，推出舒肤佳，继续加强在香皂市场的领导地位。

今日，香皂依然是宝洁的主要个人护理产品。

宝洁公司一向非常注重对增长业务的发展，因为宝洁公司认为：明天的现金流要在今天做好准备。准确地说，现金流的稳定要靠核心业务支撑，但增长业务是由消费者决定而不是由公司自己决定的。这就是说，在任何时候都要假定企业目前支撑现金流的因素是靠不住的，要从消费者需求的变化中准备好新的增长业务：

1957 年，宝洁收购制造纸巾及卫生巾的 Charmin Paper Milk 公司，正式进入消费性纸品生意。

1960 年，德国设立办事处，3 年后第一家工厂投产，推出第一种织物柔顺剂——液态 Downy。

1961 年，婴儿纸尿片帮宝适推出，公司在中东开设分公司。

1963 年，进军咖啡市场，欧洲技术中心落成。

1972 年，Bounce 品牌成为仅次于 Downy 的第二大织物柔顺剂。

1983 年，推出一种优质女士个人卫生用品——护舒宝，1985 年成为同类产品全球市场领先品牌。

宝洁公司把种子业务看作是为企业的未来播下的希望种子。因此，宝洁公司会从众多种子业务中，挑选出下一个增长业务。种子业务是需要跟踪、投入、开发、培育的试错业务。种子业务可能 10 年都不会获利，因为它的具体形式必须是从研究课题、市场试点开始，一直到联盟项目、少量投资。宝洁公司明白，这是走向实质业务的第一步：

1983 年，通过收购，扩展成最大非处方类零售成药制造商。

1986 年，首创新技术——洗护二合一飘柔洗发水迅速成为世界领先的洗发香波品牌之一。

1989 年，进入化妆品和香料行业，进而扩展男士护理用品。

1992 年，推出潘婷，成为世界上生意发展最快的洗发产品。

1998 年，涉足骨骼保健药物。

1999 年，开始进军宠物保健营养产品领域。

2001 年，收购全球染发，护发领导品牌——伊卡璐。

宝洁公司的案例让我们看到了一家战略性成功企业的业务链规划，其对于三层业务链的规划，总结起来就是三句话：

第一句话：核心业务——必须稳固，一切才不是空中楼阁。

第二句话：增长业务——明天的现金流必须在今天准备好。

第三句话：种子业务——为企业的未来播下希望的种子。

三层业务链的转换

三层业务链的转换是产品和时间的转换，企业现在的核心任务是要在 2～5 年之内，用增长业务补充或者替换，这个时候，增长业务就转换成了核心任务。而企业现在的种子业务会在 5～8 年的时间里，不断地跟踪、投入、开发、培育出增长业务，这个时候，部分优秀的种子业务就转换成了增长业务。

企业在未来 5 年之内的区域扩张确保了三层业务链的顺利转换，三层业务链之中，种子业务的区域一定是最广泛的，增长业务的区域要比核心业务的区域大，而核心业务的区域则是有现金流的重要区域。在三层业务链中，根据市场的发育程度，以及成熟程度逐渐的细化客户，也是非常重要的转换项目。企业要保证核心业务始终处于市场的旺盛期，如此一来，企业才能够有更强大的资金支持。

要想保证自身的核心业务一直是最赢利的，企业就要从种子业务抓起，通过一系列的研究课题、市场试点、联盟项目、少量投资等，筛选出增长业务，以便可以及时补充到核心业务里。那么企业种子业务从何而来呢？主要来源有以下四种方式。

①现有产品面向现有客户；

②现有产品面向新客户进行市场开发；

③新产品面向现有客户进行产品开发；

④新产品面向新客户以求多元化发展。

在实际的工作中，三层业务链的转换是从种子业务开始的，也就是从第三个层面开始。因此，三层业务链的转换和层面是成反比的，准确地说，包括以下四个阶段：

阶段一：培育选择项目。

阶段二：测试业务规模。与三层业务链的第三个层面：创造选择新业务相对应。

阶段三：复制业务模式。与第二个层面：建立新业务相对应。

阶段四：保证获利。与第一个层面：保持延长核心业务相对应。

我们把以上的这种形式称之为业务链三层面四阶梯增长法。接下来我们就具体分析一下三层面四阶梯的增长法，也就是三层业务链的互相转换。

1. 阶段一：培育选择项目

（1）阶段主要内容

种子业务大多是一些处于初步规划中的研发项目，在市场上处于试销过程，也可以是一次小型的收购行为，以及对新办项目或潜在收购目标的一笔少量投资，抑或是在一个国家新设的代办处，或者是新培养的一支出口销售队伍。

（2）阶段执行的战略：寻求

一个阶梯工程是在不明的领域中开始的。它是一种要把聚光灯照向黑暗地区的尝试。它要求创造力，忍耐和面对反复失败的坚韧不拔的精神。

一句话，种子业务的战略执行需要创业文化。

（3）资源需求

一个相对独立的团队，一笔内部"风险基金"，高层领导强有力的支持。

2. 阶段二：测试业务模式

（1）阶段主要内容

目的是以市场为基础弄清可行性，查明最迫切需要的综合能力，了解如何开发选择项目，以及评估可能带来多大的商业潜力。

（2）阶段执行的战略：方向

在第一阶段结束，对一个阶梯大致指引的方向有了一个更清楚的概念时，第二阶段则要说明如何到达该处。了解这一商业机遇的性质就使如何最好地抓住这一机遇成为可能。第二阶段需要作出决定，如何把企业推向市场和挖掘出它的潜力。

（3）资源需求

最大的资源需求是时间，把一项业务从第一阶段上升到第三阶段，通常至少需要 2~4 年，那时它才可能在商业上起飞。在此期间，需要不断投入大量资金和人力资源。办完这一切，便完成了启动和修订企业模式的工作，可以准备加速扩展了。

3. 阶段三：复制业务模式

（1）阶段主要内容

如果上述业务模式证明具有商业潜力，就可在相当于第二层面的阶段上复制整个阶梯并延长其运行时间。在这一阶梯的第三阶段，增长加速，需要巨额投资，开始流进更大的收入。股票市场通常就是在这时认识到这项业务比选择项目有着更大价值。

（2）阶段执行的战略：地位

第三阶段实质上是占住市场的地位优势。关键在于积累和控制好至关重要的综合能力；还有就是抓住时机。能够赶在其他人之前建立强有力市场地位的人将占尽便宜。由此之故，第三阶段典型地包括两个大胆步骤：大量投资和大型收购。

（3）资源需求

大笔资金，大量精明强干的人才，组织结构更加完善和增长导向的绩效管理。

4. 阶段四：保证获利

（1）阶段主要内容

即使是进展最快的公司也会臻于成熟。在第四阶段，重点从发展和扩大业务模式转移到加强管理获利。拥有处于成熟期企业的公司集中精力通过扩大生产、降低成本和更新设备来赚取价值。

（2）阶段执行的战略：实施

增长阶梯最后部分的成功关键，在于经营优异：要一心一意胜过所有人，集中抓好实施。

（3）资源需求

一支守业型的、经验丰富的人才队伍，强调业绩导向的绩效管理。

强生公司如何促进隐形眼镜业务的发展

阶段一：培育选择项目，创造种子业务

强生公司在 1980 年的时候，经过周密的筛选，选中了隐形眼镜这个新项目。并且于 1981 年收购了一家隐形眼镜公司。

阶段二：测试改善业务模式

VISTAKON 公司是强生公司的下属企业，其率先成为能够生产注塑成型隐形眼镜的公司之一。并且其生产出来的隐形眼镜非常合乎人体要求，成为 VISTAKON 公司的竞争优势。

VISTAKON 公司购买了一项先进技术，以及各项制造技能，加强了隐形眼镜的竞争力，减少了竞争对手对 VISTAKON 公司的进攻和伤害。

在 VISTAKON 公司多次小范围试销，试用之后，市场对强生隐形眼镜的反应良好。

阶段三：复制业务模式

接下来的几年中，强生公司分别投入了 2 亿美元和 2.5 亿美元，把 ACUVUE 日用型隐形眼镜和 SUREVUE 隐形眼镜推广到市场，并且在 45 个国家发售产品。

阶段四：保证获利

要获利就必须保证现金流，现金流来自于三层业务，而三层业务的实质就是要持续不断。因此，企业不断的现金流，就要靠做好三层业务链的安排和转换。

三层业务的转换是为了保持企业充足的现金流，在三层业务转换的过程中，每一个阶段都有不同的执行战略和资源的需求，要想充分完成阶段性的主要任务，企业必须想方设法地满足。企业的三层业务转换中的每一个阶段都必须及时准确，只有这样做，三层业务链才不会发生断裂，企业的现金流才会源源不断。

三层业务链的管理

关于企业对三层业务链的管理，实际上非常简单，只要满足三个要素就可以了。这三个要素就是：管理者，计划管理，业绩管理。无论任何计划都需要好的管理者，而针对不同的计划，则需要不同的管理者。对于三层业务链来说，每一个层面都需要适合的管理者，从而才能够有的放矢地进行管理。当管理者确定之后，就必须制订出完善而长期的管理计划，针对三层业务链中每一个层面的不同特点计划，管理也必须有针对性，才能使计划管理不沦为一纸空文。

无论是管理者还是计划管理，最终都必须落实在业绩管理上。如果企业没有业绩，那么三层业务链就会发生断裂，甚至引起企业的现金流危机。因此，业绩管理是三层业务链中非常重要的一个环节。

1. 三层业务链需要三种不同的管理者

由于三层业务链每一个层面的业务都是不同的，因此需要的管理者也是各种各样的人才。不同的人对待同一件事情的处理方式是不同的，所以，三层业务链的管理者必须懂得本层面的业务，并且制定出具体的管理策略。

表4 **不同业务链需要的不同的管理者**

	核心业务	增长业务	种子业务
管理者类型	守业者，运营人才，在企业核心业务方面有多年经验的管理者	创业者，能带领大家在实用技术研发领域寻求突破的技术型管理者。并且能够建立长期良好客户关系的销售人才	拓荒者，具有敏锐的商业洞察力和坚韧不拔的意志力型管理者
管理策略	以短期工作业绩为评价标准的激励机制 以指导和监督为主的管理	以自我管理、自我约束为主的管理方式 给予创业机会	相对独立的工作空间以及容许失败的创新文化

三层业务链中每一个层面的管理者都具备不同的技能，以及工作经验：

核心业务是企业最重要的业务，因此不能够有任何差错。核心业务的管理者是守业者，不断稳固现有业务，并且不丢失不退步。在管理策略上可以采取指导和监督为主，激励机制为辅的方法。

增长业务是需要补充到企业的核心业务当中去的，因此增长业务的管理者必须是创业者，不仅可以在技术领域寻求突破，而且可以建立新的客户关系。准确地说，增长业务的管理者既要是技术人才，也要是销售人才。既然是创业，那么就必须给予员工充分的创业机会和空间，因此管理策略多数以自我管理、自我约束为主。

种子业务是企业未来的希望，因此种子业务的管理者必须是拓荒者，开拓企业没有的业务和市场，开拓企业从未涉及的领域，这样的管理者必须是洞察力和意志力的完美体现者。在拓荒的过程中，相对独立的开拓空间是必须具备的，而容许失败则是最关键的管理策略。

2. 三层业务链需要不同的计划管理

计划管理分为计划重点和计划内容两个部分，而针对三层业务链中每一个层面的不同特点，计划重点和计划内容也会发生很多的变化。

表5　　　　　　　　　　　三层业务链对应的计划管理

	核心业务	增长业务	种子业务
计划重点	强调过程精细化及最终的运营效率	强调业务转型的完成情况	强调业务的研发进展、市场前景和可实施性
计划内容	年度经营计划 竞争策略计划 资源需求决策 财务预算计划	研发计划 销售计划 客户拓展计划	项目初步计划 跟踪计划 项目里程碑 节点管控

三层业务链的计划管理中，核心业务计划重点就是细致到极致的运营效率，并且需要多角度、多方位的企业计划来支持。

增长业务必须注重业务的转型过程，以及完成情况。需要研发、销售、客户拓展计划的支持。

种子业务强调的是市场的前景，以及业务的研发情况，因此项目的各个阶段的计划，种子业务都很需要。

3. 三层业务链需要不同的业绩管理

业绩管理能够整合所有业务的信息，为企业进一步完善三层业务链，以及企业的整体发展和员工的职业发展，提供最直接最有力的参考数据。

表6　　　　　　　　　　　三层业务链需要不同的业绩管理

	核心业务	增长业务	种子业务
业绩考察重点	以量化的经营指标为主考核其稳定性	业务增长 资金利用率	考虑回报量与成功率的过程评价
衡量标准	利润 质量 周期	销售增长率 市场份额 新客户	项目阶段性目标与实际结果的对比分析

业绩管理无论是对于企业还是员工都非常重要，企业通过业绩管理知道企业三层业务链的现状，以便及时调整和补充。员工通过业绩管理，知道自身的工作哪些做到了，哪些还需要改进，甚至员工个人未来的发展都在业绩管理中。

以上表4、表5、表6，充分地说明了三层业务链的管理要素——管理者、计划管理、业绩管理互相补充、互相促进，缺一不可。对于每一个层面的管理者来说，精通本层业务是必须具备的基本工作技能，如此一来，管理者才能够更好地完成工作任务。

计划管理和业绩管理都是三层业务链的管理手段，也是由管理者来具体实施的，因此对于管理者的选择必须慎重。管理者的水平高低，很容易影响到三层业务链的坚固程度。如果每一层业务链的管理者都是合格而尽职的，那么企业的三层业务链就绝对不会断裂，从而保证了企业整体的利益和发展。

三层业务链的管理就是人的管理，也是管理人的。管理者的水平决定了被管理者的水平，也决定了企业三层业务链的水平。对于企业来说，三层业务链的重要性是不言而喻的，针对不同层面，管理的方式方法都是不一样的，区别管理也是三层业务链管理的重要理念之一。

第四章　战略第三根支柱：比较竞争优势

比较竞争优势通俗的说就是你的企业凭什么比别人的企业强大？也就是战略"理"中的"制胜之理"——知彼知己。比较竞争优势是通过对机会、资源、关系的利用，获得比对手更多更强大的优势。其中机会能够提供利润的新需求。资源则是企业生产过程中需要的一切要素。关系可以给予企业优于竞争对手的特殊权利。

作为战略的第三根支柱，比较竞争优势就是外在的企业综合竞争优势，从两个非常重要的优势来源当中，企业可以通过三维聚焦的竞争战略，获得企业的竞争优势。而企业要想在客户心中是不死的，那么企业就必须懂得如何才能够得到客户的心，并且在客户的心里占据一个关键的地位。

外在的优势是比较竞争优势

企业外在的优势包括企业自身的能力，以及企业产品和业务链的市场优势。企业的发展离不开比较竞争优势，有了比较之后，企业才会真正看到自身的实力，以及企业在市场和行业中真实的地位。那么，比较竞争优势都比较一些什么呢？比较的就是企业外在的优势和能力，比如：企业现有的，比竞争对手强的，可以持续下去直到极致的，以及能够尽量延长生命周期的。

1. 企业现有的优势和能力

要想在竞争激烈的市场中获得生存和发展的权利，企业就必须明白自身现有的优势和能力是什么。这些优势和能力能够支撑企业多久，能不能让企业在市场竞争中脱颖而出。这些问题都是企业管理者应该了如指掌的。企业现有的优势和能力，实际上就是企业现在的核心业务。而对于核心业务来说，最重要的任务就保证企业的现金流。

企业应该时刻警觉，因为今天的优势不一定就是明天的优势，今天的先进能力，也许到了明天就会被对手超过，企业随时都有可能面临被市场淘汰的危机。因此，企业必须清楚自身的优势，以及完成并保持这些优势的能力。只有如此，企业才能够在不断稳固现有优势和能力的基础上，保持企业外在的优势和能力，确保企业的比较竞争优势。

2. 比竞争对手强的优势和能力

古语有云："知彼知己百战不殆。"因此，企业不但要对所处的行业和市场了如指掌，更要对直接的竞争对手洞如观火，知道企业自身与竞争对手相比，有哪些优势，有哪些劣势，企业要如何才能够把劣势转变成优势。企业的竞争对手一样也在研究我们，因此，竞争对手对于我们的实力也是有所了解的。这就表示，企业更要加强对竞争对手的了解，做到不放过竞争对手任何一次企业行为。

准确地说，企业必须知道为什么我们会比竞争对手强？或者我们为什么会不如竞争对手？古语有云："知耻而后勇。"知道了自身的不足之后，才能够有针对性地加强自身的不足。企业要学习竞争对手的优势和能力，直到企业比竞争对手更强大。企业最忌讳的就是——掩耳盗铃。原本企业可以通过努力而超越竞争对手，就是因为企业的掩耳盗铃行为，而让自身一再的错过发展机会。

3. 可以持续发展到极致的优势和能力

企业所拥有的每一种优势和能力，都有可能发展到极致。简单地说，要么不做，要做就要做到最好。比较竞争优势就是一种在比较的过程中，逐步认识企业，认识市场，认识竞争对手的过程。因此，企业必须明白，有许多的优势和能力不是只有你才拥有的。那么，企业要如何才能够巩固自身的比较竞争优势呢？这就要求必须把企业现在拥有的优势和能力，发展到最好最极致。

每一家企业的情况都不尽相同，因此，企业的资源和人力也是不相同的。对于某一些优势和能力，企业由于资源和人力上的不足，不能够把这些优势和能力发展到极致。在这种情况下，企业就需要挑选出可以持续发展到极致的优势和能力，并且配备有关的资源和人力，大力发展这一部分的业务，使得企业在市场中能够不被淘汰，企业的业务能够持续不断的更新换代。

4. 尽量延长生命周期的优势和能力

企业对于在市场中受到欢迎，并且具有强大的竞争力的业务，必须想方设法延长其生命周期。竞争的优势和能力不会是一成不变的，在竞争激烈的市场中，优势和能力是在不断转变的。今天的优势也许就是明天的劣势，今天还是独一无二的能力，明天就会有许多企业都会拥有。因此，企业必须清楚，自己所具备的优势和能力，哪些应该尽量延长生命周期。

要想延长优势和能力的生命周期，企业必须付出很大的资源和人力代价。因此，企业要明白，哪些业务是值得付出代价来延长生命周期的？哪些业务已经被市场所淘汰？哪些业务以企业现有的能力已经无法再延长生命周期了？清楚了这些之后，企业就可以有的放矢，翻新和巩固具有竞争实力的优势和能力，使得企业始终不会丢失这一部分的市场。

分享时刻

互动——写一篇《企业外在的优势》

要求：

①结合企业的实际情况，不能够少于800字。

②要明确写出：企业的整体外在的优势和能力，并且有充分的论据支持你的观点。

③要把以上外在优势的 4 个方面分别写出来，具体分析企业外在优势的 5 个方面。

讨论：每个小组挑选一个人把自己的文字朗读一遍，大家分组讨论给出具体意见和建议。然后推选代表，把小组的意见和建议具体表达出来。最后所有的人都要参与到讨论中，给出自己的意见和建议。

以上所说的外在优势的 4 个方面，正是企业比较竞争优势中所包括的内容。企业的优势和能力不是无限的，而我们需要把企业有限的优势和能力转换成无限的比较竞争优势，以此来达到企业在市场中的占有率和战略目标。

比较竞争优势的两大来源

比较竞争优势主要来源于价值战略和竞争战略。企业要从实际出发，把价值战略和竞争战略结合起来，使企业从两大战略中获得更大的生存和发展空间。实际上，价值战略就是客户细分，用价值思维把客户细分，才能够得到企业真正的客户群体。而竞争战略就是要聚焦竞争优势。

无论是价值战略还是竞争战略，企业都要首先解决思维问题。用什么样的思维来指导企业，才是最关键的。

表 7 战争思维与价值思维的比较

战争思维（ -10 分）	价值思维（ +10 分）	企业的思维分数
顾客是固定的，你得到的就是我失去的	不同顾客的选择会不同，满足重要顾客，开发市场机会最重要，可以通过非你非我的第三种选择实现双赢	

续　表

战争思维（－10 分）	价值思维（＋10 分）	企业的思维分数
不体谅或贬低竞争者	在战略中充分考虑竞争者的积极作用	
目标顾客大部分是以群体性质存在，所以重要的是降低成本，加大购买人群	目标顾客个性化，所以重要的是发现消费者新的变化，探索满足新需求的业务模式	
在市场追求的是实力（生产能力）和地盘（销售量和市场占有率）	在市场主要考虑的是满足客户需求的能力（客户忠诚度和利润率）	
定位只是广告部门的事，目的在于压制或打击对手	定位是产品价值的体现，是各个部门战略的基本组成部分，目的是为客户提供更多的非可见价值	
在战略执行中主要考虑内部预算（成本）	在战略执行中主要考虑外部竞争与市场需求（价值）	

　　企业可以从表 7 中得到自身最终的思维分数。企业所用的价值思维越多，那么企业的比较竞争优势就会越强大。宝洁公司对于战略目标的定位，以及对于产品的细分是非常值得企业借鉴的。

　　宝洁公司对洗发产品的定位，就是要做好消费者的头发护理专家。换句话说，宝洁公司的洗发产品要满足消费者对于头发的日常护理、营养滋润等全部需求。

　　宝洁公司把洗发护发产品/服务都进行了细分：

　　海飞丝的定位是"头屑去无踪，秀发更出众"（目的就是要轻松除去烦心的头屑）。

　　飘柔的定位是"头发飘逸柔顺，洗发护发二合一"（目的是为了让秀发光滑柔顺，飘逸洒脱）。

　　潘婷的定位是"含维他命原 B5，令头发健康，加倍亮泽"（目的是为了让头发的营养不流失，并且富含国际认证的维他命原 B5）。

从宝洁公司以上的洗发护发产品的定位中，我们可以清晰地看到，对产品和服务如此细致的分门别类，都是源自宝洁公司对消费者真实想法和消费意图的准确把握，以及对市场需求的精准了解。如此一来，宝洁公司就能够在满足了消费者的需求之后，也达到了企业的战略目标。

企业的比较竞争优势正是来源于企业对于市场的把握，以及对于企业自身客户群体的细分。只有把客户细分，才能够把市场和产品细分，才能够保证企业的比较竞争优势越来越稳固。准确地说，企业的比较竞争优势就是对于市场和客户的充分掌握。那么，企业要如何细分客户呢？我们接下来就用中国现在的房地产企业来做案例：

目前中国房地产行业存在着五大细分客户群。通过三个维度的指标，我们可以得到五类客户的细分。这三个维度是：家庭生命周期、家庭收入、房产价值。五类客户群是：彰显地位的成功家庭、注重自我享受的职业新锐、关注健康的老龄化家庭、注重子女的望子成龙家庭、对价格敏感的务实家庭。

表8　　　　　　　　　中国房地产行业存在的五大细分客户群

客户群	成功家庭	新锐家庭	老龄化家庭	望子成龙家庭	务实家庭
价值定位	多次置业的成功家庭系列	首次置业的职业系列出租公寓	二次或三次置业的幸福晚年系列	首次或二次置业的望子成龙系列	放弃
产品与服务	会所，容积率绿化环保	小户型，图书馆，职业学校设计前卫新颖高层	公共活动设施便利生活购物公共空间	好幼儿园好学校	

根据市场的发育和成熟程度，企业可以进一步细分客户。并且逐步分析出五类的客户群各占多少市场百分比，处于哪一种市场需求当中，根据这些，企业就可以做出客户细分的路线图，并且把客户的需求研究透彻了。

企业的比较竞争优势最终的决策者不是企业，而是企业的客户。企业只有明确知道客户的需求，通过技术、产品、服务、渠道，不断地把产品创新的起点与归宿，也就是对于最大客户价值的耕耘，在最大客户回报中收获企业更多的现金流和发展机遇。最大客户价值就是企业赖以生存的根本，企业要想顺利的达到战略目标，客户最大价值的开发是无论如何都不能够忽视的。

客户的细分需要企业能够冷静的面对市场，按照外在特征和内在价值需求来划分。外在特征包括：地域属性、人文特征和行为特征。内在价值需求包括：行为特征、购买因素、心理特征。其中，行为特征既是外在特征也是内在需求。企业要从自身的实际情况出发，用价值战略和竞争战略的原则，细分企业的客户群。一目了然的知道，企业应该给客户什么样的产品和服务，去掉不必要的环节，而加强重点环节，以便可以从客户那里获得最大的利润和利益的回报。

竞争战略：通过三维聚焦获得竞争优势

企业通过三维聚焦可以获得竞争优势，这是企业比较竞争优势中的竞争战略。那么是哪三维呢？三维就是产品、地域、客户。企业的产品不仅是企业生存和发展的重点，而且企业要围绕着产品制定一系列的战略和实施方案。每一个不同的地域，对于产品都会有不同的需求，因此企业需要根据地域的文化差异、购买习惯的差异等，制定出不同的竞争战略。

客户对于企业是非常重要的，如果一家企业忽视了客户，那么就等于把企业送上了一条被淘汰的道路。因此，企业针对不同的客户需要制定出完全不同的战略，从而才能够在竞争激烈的市场中获得稳定的客户群体。

那么，企业要如何通过三维聚焦获得竞争优势呢？

1. 产品

任何一家成功的企业，生产的产品都不是单一的，而企业对于产品的发展一定要有所侧重。企业需要考虑的问题是：企业应该侧重哪些产品？在解决了产品侧重问题之后，企业必须明白目前企业的产品结构是否合理。合理的产品结构不仅是企业三层业务链的基础，更是企业比较竞争优势的基石。因此，企业更要注重对于新产品的开发和研究，以及相关服务的更新。

总结一下，企业对于竞争战略中的第一个维度：产品，必须解决的问题是：企业的产品侧重点是否正确？企业的产品结构是否合理？企业是否应该研发新的产品/服务了？

2. 地域

中国幅员辽阔，世界更是非常大，因此地域就成为战略竞争的第二个维度。地域的差别决定了产品的不同，针对地域不同的特点，企业必须能够提供符合地域特点的产品和服务。企业需要充分考虑地域之间的差异，包括地域文化、地域购买力等。而且企业要用发展的战略眼光，决定今后企业对于该地域的具体发展产品和服务。

总结一下，竞争战略的第二个维度：地域，企业需要解决两个问题：一是企业的业务地域分布是否合理准确？二是企业未来在该地域将要如何发展？

3. 客户

竞争战略最后一个也是最重要的维度是：客户。从根本上来说，企业兴衰的决定权掌握在企业客户的手里。试想一下，如果企业没有了客户，那么还能够称其为企业吗？因此，企业不仅要细分现有的客户群，而且要分析出未来存在的客户群。要想留住客户的心，企业必须给予客户所需要的服务，并且用对客户的服务来创造出最大的客户价值。

总结一下，针对竞争战略的第三个维度——客户，企业必须解决两个问题：一是企业将要如何细分客户，包括过去、现在和未来的一切客户？二是企业需要向客户提供什么样的服务，才能够创造出最大的客户价值？

企业需要怎样做，才能够通过聚焦三维度，从而获得比较竞争优势呢？我们还是用房地产行业来做案例：

目前房地产行业租房客户的竞争战略

表9　　　　房地产行业细分客户的需求要点与重要性排序

细分客户	需求要点	重要性排序（%）
租房住宿的大学生	方便上课和学习	40
	经济	30
	遮蔽风雨	15
	停放车辆	15
新婚夫妻	不受外界干扰	40
	满意的公寓管理	25
	停放车辆	25
	遮蔽风雨	10
较大的家庭	足够的儿童活动空间	30
	经济	25
	停放车辆	20
	遮蔽风雨	15

通过客户细分，我们可以直接指定出其他的两个维度：产品和地域。实际上，产品就是针对不同的客户群，而地域就是客户的需求。

表10　　　　　　　　产品与地域的比较

客户	租房住宿的大学生	新婚夫妻	较大家庭
地域（需求）	方便、经济	方便、没有打扰	方便、经济、快乐的地方
产品和服务	靠近校园、价格便宜的房子	安静、有效管理、停车方便的房子	宽敞、价格公道、有足够大的停车场的房子

从表9、表10，我们可以具体分析出来，三维度的聚焦对于企业获得竞争优势的重要性，尤其是对企业客户群的细分。房地产行业如此，任何行业也都如此，企业必须把握住客户以及客户的不同需求，并且提供相关的产品和服务。如此一来，企业的竞争战略才是成功的，才能够通过三维聚焦获得更多的竞争优势。

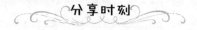

分享时刻

互动——10分钟案例研讨，分组讨论，PK各组解决方案

背景：某二级城市市区内，有两家彼此距离不超出500米的旅店，其中A旅店是国家评定的3星级宾馆；B在硬件档次和实力上仅为2星（类似商务酒店）。整体经济实力A要B更强，但B渴望打败A，B该怎么做？

根据专业市场调查统计，客户在选择市区内的旅店时，部分要素会是客户关心的问题，经过罗列，排出：价格、卫生、房间大小、房间家具、餐饮场所、休闲娱乐、24小时接待、床的质量、安静、建筑美学等内容。请你代表B旅店，细分客户消费需求，获取独特客户价值，打败A旅店！

竞争战略是比较竞争优势的来源之一，竞争战略是由产品、地域、客户三维度组成的。企业必须懂得如何把握每一个细节，才能够获得最终的战略性成功。

不死的关键——占据客户内心的一个字眼

企业之所以能够战胜竞争对手，并不代表企业比竞争对手强，而是代表企业比竞争对手用心。那么企业不死的关键在哪里呢？关键就在客户的心里，企业必须在客户的内心占据一个字眼。比如：周星驰，占据了"搞笑"；百度，占据了"中文搜索"；Zippo，占据了"防风打火机"；奔驰，占据了"高档轿车"。各位企业家、企业管理者，你的企业在客户的心里占据了什么呢？

市场对于企业是非常残酷的，因此有些企业会经久不衰，而有些企业则是昙花一现。企业如何才能够不死？我们可以看一下海尔集团在美国的战略。

海尔已第二次被《TWICE》评为最畅销的家电品牌。美国流行大冰箱，海尔没有向大冰箱发展，而是在设计上首先本土化，在洛杉矶设立了设计中心，反而做起了小冰箱。

先是带折叠台面的，又有带电脑桌的等，学校宿舍每个学生、每个家庭的小孩子，都可以拥有自己个人的冰箱，还不占空间。结果海尔获得了巨大的成功！现在是美国小冰箱的第一品牌，占据了50%的市场份额。

海尔集团不走寻常路的战略，最终是非常成功的。海尔不死的关键，就是成为了美国客户心中小冰箱的第一品牌。只要是美国客户想要买一台小冰箱，就会立刻想到海尔冰箱，身边的同事和朋友也会向你推荐海尔的小冰箱。如此一来，海尔集团在美国的家电市场中就占有了50%的份额。

海尔集团类似的案例还有许多，用一句话概括就是，企业不死的关键——占据客户内心的一个字眼。以下的两个案例中，企业的成功就是因为明白了不死的关键。

百事可乐与可口可乐的对立竞争

百事可乐与可口可乐的对立竞争中，抓住了非常关键的一点，就是在消费者心目中树立"年轻一代"新可乐的产品形象，使得消费者只要想到百事可乐，就会在脑海中跳出"年轻一代"的字眼。百事可乐有效的"年轻化"，正是针对可口可乐提出的。

百事可乐与可口可乐的对立竞争有两个原点，第一个原点：强调百事可乐年轻化，百事可乐是新可乐饮料，年轻人的可乐饮品；第二个原点：既然百事可乐是年轻人的可乐，那么只要喝百事可乐的消费者，就是年轻一代，而喝可口可乐的消费者，就属于"年老一代"了。

可口可乐历史悠久，实力强大，市场占有率也非常高。于是百事可乐就抓住了"年轻一代"的字眼，在消费者心中占据了"年轻""新"这样充满了活力的字眼。最终实现了，可口可乐是第一，百事可乐是第二的市场战略目标。

王老吉与"假清凉饮料"的对立竞争

王老吉是中国凉茶的代表品牌，在国内消费者心目中具有非常高的评价度。

凉茶的产品属性和消费属性与众不同，凉茶与普通饮品的区别是非常明确的，因为凉茶具有"解毒清热祛湿"的功效，能够让消费者真正体验到清凉的功效。

因此，王老吉抓住了"真清凉饮料"这样的字眼，让消费者都知道，只有王老吉才是"真清凉饮料"，让喝过的或者没喝过王老吉的消费者，只要想到"预防上火的饮料"就会自然而然地想到王老吉。所以，王老吉凉茶在 2008 年销售额就达到了 100 多亿元，成为真正的"中国第一罐凉茶"。

百事可乐在客户心目中占据了"年轻"的字眼，王老吉在客户心目中占据了"正宗"的字眼，因此，百事可乐公司和王老吉公司的战略是成功的，它们分别在客户的心目中占据了属于企业的字眼。只要我们想到"年轻"的可乐，就一定会想到百事可乐。如果我们想喝凉茶了，那么我们一定会选择"正宗"的凉茶——王老吉。

成功的企业之所以会不死，就是因为在客户心目中，企业永远都占据着一个字眼。每一次当客户想到这个字眼，或者看到这个字眼的时候，就会非常自然地想起企业，以及企业的产品和服务。如此一来，企业的整体形象就会深入到客户的内心，深得人心的企业无论面临着多么激烈的市场竞争，都是不死的。

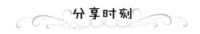

互动——自问自答 5 个问题

你的企业，在客户、企业员工、投资人和竞争对手的心中，会死吗？为什么？

如果你的公司业务现在立即进入一个充分的市场竞争的状态，你的公司会不会死？

如果你的新、老顾客刚从一个中等水平的员工那里享受或购买了一个产品或服务，客户会为此微笑着离开吗？如果没有或不常见，你的公司会不会死？

如果公司最重要的人物突然走掉 1～3 人，你的企业会不会死？

如果有一天客户突然知道公司破产了，会不会感到惊讶？

从以上的 5 个问题当中，企业会得到一个结论：企业现在是否具有比较竞争优势，企业现在是否会在激烈的市场中，掌握不死的关键。企业要从员工、客户、市场、竞争对手以及投资人对待企业的看法中，获得一些关键问题的答案。明确知道企业在客户和市场中，是否已经占据了那一个对企业来说至关重要的字眼。

第五章　战略第四根支柱：核心竞争力

　　核心竞争力是战略的第四根支柱。一定会有人问："什么是核心竞争力？"其实答案非常简单，核心竞争力就是企业要如何在客户的心中留下企业的名字。从企业核心竞争力的两个维度——企业的组织能力和企业对资源要素的使用和协调能力中，企业管理者就应该明白，怎样才能够成为企业的核心竞争力。

　　企业核心竞争力的实质就是为客户提供"独特价值"的卓越执行能力。而企业核心竞争力不仅可以作用于企业的各个环节，而且能够使企业具有源源不断的资源。但是，企业在打造核心竞争力的时候，会有许多的误区。如何避免这些误区，用最简单的步骤打造出属于企业的核心竞争力，是本章中要具体阐述的。

什么是核心竞争力

　　通俗地说，企业的核心竞争力就是要所有的客户都记住企业的名字。从严格意义上来说，所谓的核心竞争力是群体或团队中根深蒂固的、互相弥补的一系列技能、知识和经验的组合，这种能力能够为客户创造独特价值，并能够使对手丧失竞争优势。

　　对于不同的企业，核心竞争力也是不一样的。要想打造出属于企业自己的核心竞争力，企业首先要有根深蒂固的技能、知识和经验，这些都是根植于企业内部，拥有良好的组织因素的基础。其次，企业要有互相弥补技能、知识和经验，因为企业的核心竞争力不是独立存在的，而是与企业各方面的能力相互补充的。企业的核心竞争力离开了一定的环境和因素，就无法维持下去。最后，企业的核心竞争力要具有客户价值。核心竞争力不仅仅是企业自身相对较强的各项能力，而且是相对于竞争对手，企业更能够为客户提供独特价值的能力。

企业需要结合自身的特点，以及实际情况来明确企业的核心竞争力。因为，企业的核心竞争力是企业综合实力的体现，脱离了企业本身的实际情况，那么核心竞争力就变成了一句空话。我们可以从下述案例中进一步分析。

戴尔公司核心竞争力——卓越的装配体系，以及完善的供应链组成的优秀直销模式

直接面对客户的直销模式：

- 遍布全球的直销网络；
- 客户直接定制个性化产品。

卓越的装配体系，完善的供应链：

- 低成本配件供应与装配运作体系；
- 全球供应链——降低供应成本；
- 虚拟整合，供应商信息共享。

众所周知，戴尔公司是全球最成功的网络直销商。戴尔公司不仅为全球所有的客户提供优质的电脑产品，而且通过网络直销的形式，为客户提供独特的价值，使得每一个戴尔公司的客户都能够用最低的价钱，享受到最高端的电脑产品和服务。因此，直销模式和完善的产品供应链就是戴尔公司的核心竞争力。

沃尔玛集团的核心竞争力——给客户忠诚的理由，
以及后勤物流的完美配送能力

沃尔玛给客户忠诚的理由：

- 客户服务七大措施；

- 200%客户满意；

- 收银七步曲；

- 迎宾员设立；

- 委屈奖；

- 顾客也有姓名；

- 顾客总是对的。

后勤物流的完美配送能力：

- 采取中央采购制，尽量实行统一进货；

- 买断进货，并固定时间结算；

- 和供应商采取合作的态度。

毋庸置疑，沃尔玛集团是世界最有名望的零售商。沃尔玛超市遍布全世界的各大城市，无论你走到哪里，都会看到沃尔玛标志性的企业标志。对于沃尔玛来说，核心竞争力就是每一个走进沃尔玛超市的客户，他们对于沃尔玛产品和服务的认同，才是沃尔玛真正需要的核心竞争力。因此，沃尔玛集团的核心竞争力就是给客户忠诚的理由，以及后勤物流的完美配送能力。

麦当劳公司的核心竞争力——迅速而稳定的食品质量，
以及餐厅选址的准确度

迅速：
工业化食品生产管理模式。

稳定的食品质量：

统一的原料配送；

精耕细作的制作；

生产标准化。

餐厅选地的准确度：

选择最佳的地点，并一次性长期买断 ——稳定现金流；

经营土地及经营房屋贷款——地产增值收入。

相信现在的中国人没有不知道麦当劳的，这就是麦当劳的核心竞争力所在。作为快餐食品的麦当劳，从符合现代都市快节奏生活开始，为都市人提供独特的价值和服务，使得每一个生活在都市里的人，都能够接受并且喜欢麦当劳的食物。因此，迅速、稳定的食物质量，以及餐厅选址的准确度就成为了麦当劳公司的核心竞争力。

可口可乐公司的核心竞争力——绝对秘密的配方，独家控制的广告推广权，以及成功的供应链管理策略

绝对秘密的配方。

独家控制的广告推广权：

全球广告制作推广控制。

应时而变的供应链管理策略：

特许合同方式——早期；

控股经营方式——中期；

持股方式——现在。

可口可乐公司是全球公认的最成功的饮料企业，也是迄今为止最受欢迎的饮料之一。对于如此成功的企业来说，其核心竞争力经过了市场的洗礼及客户的考验，不仅没有变弱，反而变得越来越强大。归根结底，缘于可口可乐公司的核心竞争力在随着时代和市场的变化，而产生同步的变

化，以此来适应市场和客户新的需求。因此，可口可乐公司的核心竞争力就是绝对秘密的配方，独家控制的广告推广权，以及成功的供应链管理策略。

从上述四个案例中，我们不难看出，企业的核心竞争力都带有企业自身的特征。准确地说，只有充分发挥出企业自身的特点和特质，才能够让企业的核心竞争力稳固，并且在竞争激烈的市场中占有一席之地。而以上的四家企业中，每一家企业都会为客户提供独一无二的价值、产品、服务，这些都是可以让客户记住企业名字的最好办法。

综上所述，企业的核心竞争力就是企业综合实力的体现，更是企业为客户提供独特产品的服务。核心竞争力不仅能够为企业赢得更多的利润，而且能够创造出最大化的客户价值。

核心竞争力的两个维度

企业核心竞争力的两个维度就是：企业的组织能力和企业对资源要素的使用与协调能力。任何一家企业都会有与众不同的地方，而核心竞争力的表现也有所不同。但是，企业的核心竞争力在大多数情况下，都表现为这两种能力的有机组合。实际上，要想使企业立足市场，直接面对客户，取得应有的利润，以及企业名誉，就必须要清楚了解核心竞争力的两个维度，只有认识清楚之后，才能够好好运用和把握。

1. 企业的组织能力

所有成功的企业都有一个相同的特征，就是企业的组织能力非常强大。企业的核心竞争力都是与人有关的，因此，企业对于人的组织能力，才是企业真正需要提高并且完善的能力。准确地说，一切与人有关的能力都是核心竞争力。一切与个人有关，但与组织无关的能力，都不是核心竞争力。

企业的组织能力是指企业对于内部人员，以及企业客户的管理和组织能力。简单地说，企业的组织能力既关乎于人也关乎于组织。这里面所说的人不仅仅是企业内部的员工，更是泛指一切与企业相关的人。因此，在核心竞争力的第一个维度上，企业要锻炼和完善自身的组织能力。

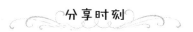

互动——表述一下你的企业的组织能力

要求：结合自身的实际情况，说一说企业的组织能力。最好能够举出一两个具体的案例，并且把个人的想法和思考都加入其中。

讨论：你对其他人的发言是怎么理解的？

2. 企业对资源要素的使用与协调能力

资源要素对于企业来说是非常重要的。很难想象，没有资源要素的企业会打造出核心竞争力。企业对资源要素必须把握两个方面：一方面是对资源要素的使用，通俗地说，就是该用的地方一定不要限制，而不该用的地方一定不可以浪费。另一个方面就是资源要素的协调能力，企业必须协调好资源要素，以便可以平衡对资源要素的一切需求。

在认定企业资源要素的时候，我们要注意两个方面：一方面，一切与要素的使用协调无关的能力都不是核心竞争力，比如专利；另一方面，一切与单个要素有关而与要素协调无关的能力都不是核心竞争力。从以上的两个方面，企业就能够总结出关于自身的资源要素的使用和协调能力。在核心竞争力的第二个维度上，资源要素不是关键，最关键的是使用和协调资源要素。

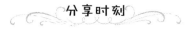

互动：说一说你的企业对资源要素的使用和协调能力

要求：举出一两个具体的例子，说明你对资源要素的使用和协调能力，这样的能力如何成为企业的核心竞争力，如何影响企业在市场和客户中的地位？

讨论：说出你的独到见解。

3. 两个维度的有机结合

核心竞争力的两个维度是需要和谐统一的，也就是必须把两个维度有机地结合在一起。企业的组织能力和企业对资源要素的使用与协调能力是相辅相成，缺一不可的。试想一下，如果企业只有组织能力，而没有对资源要素的使用与协调能力，那么企业就会出现资源要素无法满足生产和销售的现象，企业很可能就会面对核心竞争力的减弱，甚至是丧失。

反之，企业就会陷入到一片混乱之中，无法组织起有效的生产和销售。由此可见，核心竞争力的两个维度不是独立存在的，而是相互作用，彼此支持的。因此，核心竞争力的两个维度之间，不应该存在真空地带，而必须要紧密联系，不能有脱节现象的产生。

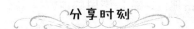

分享时刻

互动——你的企业是如何把核心竞争力的两个维度结合起来的

要求：用事实做案例，说一说你的企业中核心竞争力的两个维度如何被有机地结合在一起。过程中，你是否有失误的地方？为什么会有失误？不仅要说好的方面，也要把经验教训说出来。

讨论：你是否也犯过同样的错误？为什么？怎么发现并纠正的？

综上所述，正是核心竞争力的两个维度——企业组织能力，以及企业对资源要素的使用与协调能力的有机结合，才使得企业的核心竞争力与众不同，而且越来越强大。企业要想建立起属于自己的核心竞争力，就必须在这两个能力上下足功夫。

企业的核心竞争力的主要表现都在这两个维度上，因此企业不能够忽视两个维度的建设，以及过程中所出现的问题。实际上，在企业中，出现问题是十分正常的，依靠自身能力解决问题也是企业的核心竞争力。

企业家为什么不是企业的核心竞争力

中国的大多数企业都夸大了企业家对于企业的作用，实际上，如果企业家不懂得将个人能力转化为企业组织化、制度化的能力，或者培育出企业制度化、程序化的业务运营能力，那么企业的繁荣就将随着他个人的衰落而衰落。这样的企业家是无论如何也不会成为企业的核心竞争力的。

企业家为什么不是企业的核心竞争力？因为企业家无法把自身所具备的能力，完全转化为企业能力。如此只强调个人能力的企业家，怎么可能成为企业的核心竞争力呢？

没有英雄的年代是孤寂的！只有英雄的年代是悲哀的！企业家要把自己锻造成企业的英雄，把自身的个人能力完全融入到企业能力中，成为企业核心竞争力的组成能力。

企业的核心竞争力是由企业家能力和企业组织能力组成的。这里的企业家能力已经转化为企业能力，融入了核心竞争力。准确地说，单纯的企业家能力是不足以成为企业的核心竞争力的，企业家能力必须要与企业组织能力结合在一起，才能够成为核心竞争力。

1. 企业家能力是指对独特客户价值的洞察力和判断力

企业家的能力是通过市场的洗礼和激烈的竞争而获得的，因此企业家对于市场与客户的价值观是与众不同的。作为企业家，如果没有不同于一般人的洞察力和判断力，那么他是无法将企业带向更好的发展阶段的。由此可见，对独特客户价值的洞察力和判断力，才是企业家真正的领导力。

2. 企业组织能力是指从组织、实施流程与制度上构筑业务实施的能力

对于企业来说，无论是组织生产的能力，还是组织销售的能力都是非常重要的。而企业的组织能力是要从实际工作的流程中，以及企业的制度中获得的构筑业务的实施能力。简单地说，企业必须要有对每一个环节的掌控能力。

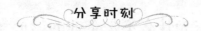

互动：为什么我没有成为企业的核心竞争力

说一说你是怎么成为企业核心竞争力的？或者为什么没有成为企业的核心竞争力？

要求：避免夸大事实，必须要实事求是。不要进行自我批评，我们需要的是对自我的客观评价。也不要进行自我表扬，我们需要真诚的自我分析。

讨论：企业家如何才能够成为企业的核心竞争力？

中国的企业普遍缺乏核心竞争力，这并不是因为中国的企业没有竞争的实力，而是因为中国的企业家无法将个人能力融入到企业能力中，也是因为中国企业的组织能力，在一定的范围内受到了很大的限制。从实际意义上说，企业的核心竞争力是企业家能力和企业组织能力的有机结合。而在中国企业中，企业家的能力往往被夸大了，似乎只要有能干的企业家，企业就能够成功。

须知：真正的企业核心竞争力中只需要企业家的洞察力和预见能力，企业家的这些能力是与谋略和悟性成正比的。企业家的洞察力和预见力能够帮助企业在市场竞争中赢得先机，并且为客户提供独一无二的产品和服务。

在中国企业中，业务一线的实施能力与集体学习能力，以及职业化同等重要。业务一线的实践能力是与文化和时间成正比的。准确地说，业务一线的实践能力既是通过集体学习学来的，也是通过在第一线工作的时间长短积累来的。

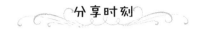

分享时刻

互动——说出你的企业是如何正确对待企业家能力和业务一线实践能力的

企业必须要正确对待企业家能力，不能夸大也不能忽视，你在企业中发挥了怎样的能力？直接影响了什么？

业务一线的实践能力非常重要，你的企业是如何培养这种能力的？

讨论：企业家能力和业务一线实践能力结合起来，是否就是企业的核心竞争力？

企业家之所以不是企业的核心竞争力，是因为企业家个人是无法让企业正常地运转起来的，企业家自身的学识和能力也无法达到独立支撑企业的程度。但是企业家的独特经历和经验，以及自身的洞察力和预见力又是企业非常需要的。准确地说，企业家不是企业的核心竞争力，但是自身所具有的洞察力和预见力是核心竞争力的重要组成部分。

因此，企业家一个人是无法独立支撑一个企业的，而是需要把自身的能力有效地融入到企业中，如此，企业家就能够成为核心竞争力了。中国的企业在认识企业家能力的问题上，还存在着一些不准确的因素，要么无限夸大企业家的作用，要么全面否定企业家的作用。实际上，这两者都是不对的，对于企业家，我们需要客观而冷静、公正而合理地看待。

核心竞争力的实质

核心竞争力的实质就是：企业必须为客户提供"独特价值"的卓越执行力。更简单地说就是，核心竞争力就是企业的执行力。核心竞争力的实质包含两个方面：一方面是要为客户提供"独特价值"；另一方面是卓越的执行力，也就是业务一线的实践能力。任何一家企业的核心竞争力实质都是一样的，但是具体到每一个步骤就会有所不同。企业家切记不要照本宣科，挪用或者照搬别人的经验和方法。

1. 核心竞争力的实质——为客户提供独特价值

要想为客户提供独特价值，就需要企业家的独特洞察力和预见力。企业只要为客户提供了独特价值，就证明了企业能够发现并掌握先行一步的市场优势和能力。企业为客户提供的独特价值包括：

①能触发一系列发明的技术或知识，比如，佳能公司的光学知识和缩微能力。

②专有数据，比如，花旗银行的行为和信用评分知识。

③利用市场份额优势获得的信息，比如，微软利用视窗份额优势获得的用户忠诚。

④不断发明成功产品的创造力，比如，迪斯尼在动画业务领域的创造能力。

⑤卓越的分析和推断能力，比如，费式基金的股票分析能力。

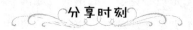

分享时刻

互动——说一说你的企业为客户提供了哪些独特价值

要求：结合以上5点内容，用具体的案例说明你的企业能够并且已经为客户提供了哪些独特的价值？这些独特价值在客户当中获得了哪些反应？好的反应和不好的反应都要说。

讨论：独特价值到底是什么？客户需要什么样的独特价值？

2. 核心竞争力的实质——卓越的执行力，即业务一线的实践能力

任何企业和企业家都明白一个道理，无论多么优秀而完美的战略，如果没有卓越的执行力，那么一切就只能是一纸空谈。每一个企业家都不希望成为纸上谈兵的人，因为纸上谈兵无法让企业获得真实的利润，更无法让企业获得真正的发展。

企业的卓越执行力，就是业务一线的实践能力。通俗地说，就是企业交付产品或服务的能力，产品和服务质量能达到业内一流的最佳执行水平。比如：沃尔玛出色的供应链与保持客户忠诚的能力，以及麦当劳在不同分店的原料供应与标准化操作能力。

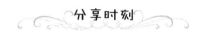

分享时刻

互动——你的企业如何拥有卓越的执行力

要求：用企业的实际案例说明，卓越的执行力是企业核心竞争力的实质，你的企业如何做，才拥有了现在的执行力？你的企业用什么方法提高了业务一线的实践能力？

讨论：哪一种方法快速而有效？

从企业的角度出发，核心竞争力的实质就落实在企业家对独特客户价值的洞察力，以及企业组织业务一线实践的能力上。两者之间都需要卓越的执行力来完成，独特的客户价值是一种非个人化的，并且难以模仿的竞争力。因此，无论是企业还是客户，最终的落实点都在业务一线的执行力上。

准确地说，企业的执行力才是核心竞争力真正的实质。如果企业没有卓越的执行力，那么企业家的洞察力和预见力就会没有用武之地。业务一线的实践能力也会变得非常空洞，而没有任何内容。所以，执行力才是能够推动企业发展，为客户提供独特价值的最终能力。

执行力就是企业核心竞争力的实质。从战略角度看核心竞争力，我们就能够把市场和客户看得更清楚一些。市场需要企业不断提高和完善优势竞争力，客户需要企业提供与众不同的产品和服务，这些需要都决定了企业必须要有卓越的执行力。执行力不仅能够完美地诠释企业的战略意图，而且能够贯彻企业的战略蓝图，因此企业是否具有卓越执行力，才是核心竞争力的实质。

毋庸置疑，如果企业忽视了执行力，那么企业将面临一种进退两难的境地。决策无法贯彻，产品无法更新换代，服务无法提高，客户无法满意。没有执行力的企业将会被市场和客户所淘汰。企业要想在激烈的市场竞争中获得战略性成功，就必须懂得如何不断加强自身的执行力，在执行力的作用下，为客户提供独特价值的产品和服务，从而也收获客户对企业的满意度和忠诚度。

综上所述，核心竞争力的实质就是企业用卓越的执行力，为客户提供独特价值的产品和服务。卓越执行力就是企业在市场中的竞争优势，也是企业领先于竞争对手的核心竞争力。

核心竞争力的三大作用

核心竞争力的作用就是让企业在挤垮对手的同时，能够持续经营下去。企业不断地创造独特的客户价值，会轻松击败对手。而企业快速变现的实施能力则可以帮助企业持续经营。在激烈的市场竞争中，企业不仅需要保证自身的生存和发展，还需要时刻警惕竞争对手。核心竞争力就是针对竞争对手而言的。简单地说，核心竞争力就是要让企业在稳固发展的同时，能够打击竞争对手，并且把竞争对手挤出行业。

核心竞争力有三大作用，接下来我们进一步的细化分析。

1. 第一大作用：核心竞争力能够为客户提供独特价值

核心竞争力的第一个作用是针对客户的，如果核心竞争力无法让客户满意，并且吸引住客户的注意力和忠诚度，那么这样的核心竞争力是不具备任何市场优势的，也不是合格的核心竞争力。因此，企业的核心竞争力必须能够让客户满意，并且能够把企业的名字留在客户的心里。

为什么"大规模"能够让你具备比较竞争优势，但"大规模"却不是核心竞争力，道理很简单，因为"规模大"为客户创造了价值，但却更多的是一种很容易被对手模仿的"成本"价值，而不是"独特的价值"。

88

什么是独特的价值呢？就是对内，容易复制。对外，不可模仿。

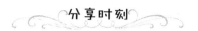

互动——写出你对"独特价值"的具体想法

要求：文章不能少于 600 字，要用实际案例来说明你的想法，证明你对"独特价值"的想法和做法是正确的，在实际的工作中也是十分可行而有效的。

讨论：你认为谁的想法和做法最有效？

2. 第二大作用：核心竞争力是为客户创造价值的动力源

核心竞争力是一种基于创造独特价值的组织学习能力。组织学习能力是企业非常重要的组织能力，在学习的过程中，获得了许多自身没有的经验，也可以绕过一些困难和陷阱，从而可以直接达到设定的战略目标。核心竞争力的组织学习能力不仅保证了创造独特价值，而且也让企业更具有比较竞争优势。因此，核心竞争力需要组织学习能力。

企业不断学习的能力能够为客户价值提供源源不断的动力源泉，长期坚持下去，这种能力发挥的结果就是竞争对手慢慢地丧失竞争优势。归根结底，核心竞争力是为了给客户提供独特价值，为客户创造价值需要动力源，而动力源就是核心竞争力。

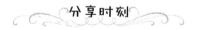

互动——口述你如何理解核心竞争力的第二大作用

要求：尽量说得仔细一些，能够用实际案例说明是最好的，如果没有实际案例，也要阐述清楚"为什么核心竞争力能够为客户创造价值？"你是怎样明白这个道理的？

讨论：你从别人的口述中学到了什么？

3. 第三大作用：核心竞争力的战略思维：先做强，再做大

如果你基于百年老店去做 500 强，那么成功是迟早的事；如果你是为了 500 强的目标去做百年老店，那多半做不成。这就是核心竞争力的战略思维：先做强，再做大。实际上，道理非常简单，百年老店已经有了根基、忠诚的员工以及固定的客户群，对于行业来说，一家店能够屹立百年，那么这家店的核心竞争力一定足够强，在此基础上，我们再来做大这家店，就是非常顺理成章的事情了。

反之，一家毫无根基和市场可言的店，硬是要装扮成百年老店，就像是小孩子穿上了大人的鞋子，迟早会摔跟头的。

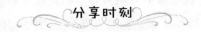

分 享 时 刻

讨论——企业究竟应该先做大，还是先做强

用核心竞争力的战略思维来讨论这两个问题，需要实事求是，不要意气用事。

讨论的目的就是要解决究竟是先做强，还是先做大的问题，哪一个才是真正的适应现在的市场经济？为什么？

核心竞争力的三大作用总结起来就是：独特价值、原动力、战略思维。这三大作用解决关于核心竞争力的一些问题，比如：

核心竞争力的独特价值是什么？答案是：对内，容易复制。对外，不可模仿。

核心竞争力怎样为客户创造价值？答案是：核心竞争力是一种基于创造独特价值的组织学习能力。

核心竞争力的战略思维是什么？答案是：先做强，再做大。

以上这些问题得到了解决之后，企业就能够更好地运用核心竞争力。在激烈的市场竞争中，企业的核心竞争力就是抓住每一个重要的点，为客户、为自身创造出独特价值，使得企业能够获得更多的利润，并且吸引更

多忠诚的客户。

企业核心竞争力的判定原则——漏斗原理

企业的核心竞争力需要一种判定原则，那么达到什么样的标准才能够成为核心竞争力呢？这个判定核心竞争力的原则就是——漏斗原理。简单地说，漏斗原理就是企业在判定核心竞争力的时候，需要把技能、技术、流程等都考虑进来，如同放进了漏斗的顶部。然后经过两个判定标准：是否为客户创造独特价值？是否是组织性的卓越执行力？之后，将会有一个结果沉淀在漏斗的底部，这个结果用于判定竞争力是否符合对核心竞争力的要求，是不是真的核心竞争力。

漏斗原理当中，最关键的就是两个判定的标准：

1. 是否为客户创造独特价值

核心竞争力就是为客户创造独特价值，而独特的客户价值就是企业的战略方向。核心竞争力需要创造出高价值、低成本、可体验、能持续的独特价值。因此，通过价值曲线寻求战略突破点进而获得核心竞争力，才是漏斗原理的第一步。

实际上，核心竞争力的起点是客户价值。价值曲线能够帮助企业确定独特客户价值因素，操作要点如下。

①把消费者的需要罗列出来；

②描述竞争对手和自身在价值曲线上的位置；

③进行消费者最大价值的调查和分析；

④结合企业特点，寻求独特的客户价值环节；

⑤聚焦重点环节，为客户提供独特价值。

2. 是否是组织性的卓越执行力

核心竞争力是企业的组织执行力，是一种存在于组织内部的集体学习能力和业务管理能力。如果一个能力不能够体现为组织能力，那就很容易为对手复制，也容易在这些因素失去之后导致公司迅速衰亡！

企业要如何才能够确定组织执行力呢？组织性的卓越的执行力表现在以下三个方面：

（1）组织的，非个人能力

组织执行力是不会依赖于任何个人的。准确地说，组织执行力离开任何一个人都能够继续实施。组织执行力也不依赖于企业家本人，不论企业家是否在场组织执行力都能继续实施。

从根本上来说，组织执行力就是要形成组织的制度。

（2）卓越的，难以模仿

组织执行力使得竞争对手的同类核心竞争力变少。准确地说，组织执行力提高了竞争对手仿效、复制该核心竞争力的成本，而且核心竞争力中蕴含的因素抽象、微妙，使得竞争对手的仿效难度加大。

（3）业务一线实施能力

组织执行力就是要让业务一线的员工能够有效的实施，而且业务一线的员工由于实施组织执行力，能够直接为企业创造现金流。

把以上三个方面综合起来，就是企业组织性的卓越的执行力，也就构成了核心竞争力判定原则——漏斗原理的第二个原则。

企业在判定核心竞争力的时候，一定要运用漏斗原理来判定。因为漏斗原理中的两个判定标准，可以充分证明核心竞争力的实质。当所有的技术、技能、流程，通过漏斗原理中的两个判定标准之后，企业就可以得到非常满意的结果。那些不是核心竞争力的，自然而然就会被淘汰。那些符合核心竞争力标准的，就会被留下来。

核心竞争力的判定对于企业来说非常重要。如果企业无法确定自身的核心竞争力是什么，那么企业就会失去很多市场给予的发展机遇，也会没有办法制定出完善的战略策略，以及战略目标。因此，企业必须明确自身的核心竞争力，才能够运用核心竞争力来击垮对手，占领市场，并且继续发展壮大。

由此可见，核心竞争力的判定不仅是企业对自身的了解，更是企业打败竞争对手、保护自身利益的重要手段之一。实际上，运用漏斗原理来判定企业的核心竞争力是非常简单而可靠的，也是目前为止，对于企业来说一个可行性很强的判定原则。

核心竞争力的误区

企业对核心竞争力的判定会产生一定的误区，每一个误区就是一个陷阱。核心竞争力的误区会很容易让企业失去方向，无法为客户提供独特价值，也无法创造出属于企业的独特价值。如此一来，竞争对手就会利用企业对核心竞争力的误区乘虚而入，利用企业的缺点来打击并击垮企业。所以，企业要想正确判定核心竞争力，就必须要避免误入陷阱里。

对于企业来说，核心竞争力有四个误区，也就是四个陷阱。

1. 太抽象

企业缺乏对正确的核心竞争力概念的理解，从而导致核心竞争力太抽象。过于模糊的核心竞争力是不具备可操作性的。例如：营销能力、产品质量、领导能力、创新能力等概念都过于抽象化，企业必须把抽象化的概念细分成具体的实施方案。

准确地说，核心竞争力不是一个抽象的概念就可以解决的，其必须把每一个抽象的概念都具象化，并且落实到每一条每一款上。这样的核心竞争力才会是清晰的，也是具有可操作性的。如此一来，企业的员工不致因为过于抽象化的核心竞争力而不知所措。

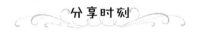

分享时刻

互动——你的企业的核心竞争力抽象吗

在企业运营的过程中，我们都会陷入到这样或者那样的陷阱中，对于核心竞争力也是一样的。说一说你是否陷入到太抽象这个陷阱里？你是如何走出陷阱的？或者，你是如何避免陷阱的？说得越具体越好。

讨论：我们是否能够完全避免"太抽象"这个陷阱？

2. 空欢喜

企业对于核心竞争力的研究方法不严格，导致把企业所做的工作全部确定为核心竞争力。例如：销售跟踪、正确的财务管理、客户意见处理、供应商管理、销售人员激励机制。从根本上来说，这些工作有些可能是企业的核心竞争力，有些根本就不是。如果企业把所有的工作都判定为核心竞争力，那么企业就很可能会出现资源和人员的短缺，最糟糕的还会出现拆东墙补西墙的情况。

这个陷阱的名字就是"空欢喜"，为什么会空欢喜呢？因为企业盲目地把现有的工作和核心竞争力画上了等号。看到如此多的核心竞争力，企业当然会高兴，但这样的高兴就是空欢喜了。

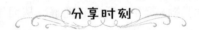

分享时刻

互动——说一说"空欢喜"这个陷阱

你是不是空欢喜过？你是不是有过空欢喜的经历？那么，你是如何摆脱空欢喜这个陷阱的？你从这个陷阱中学到了什么样的经验教训？

讨论：回答以上的问题，大家进行讨论。

3. 把资产当成核心竞争力，但在真正的核心竞争力上投资不足

企业要把遗留下来的基础条件，如品牌、资产、专利、机器设备、销售基础设施，与未来赢利所需的核心竞争力区分开来。核心竞争力不是资产，不会出现在企业的资产负债表上。

准确地说，核心竞争力就是企业赢利的能力，而不是现在企业所拥有的资产。也就是说，核心竞争力是企业的能力，而不是企业的数据。千万

不要把资产当成了企业的核心竞争力，这样做的后果就是，企业将不会投资在真正的核心竞争力上。这是一件非常危险的事情。

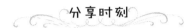

互动：说出你对核心竞争力不是资产的看法

把企业的资产和核心竞争力严格区分开，你能不能做到呢？你认为企业资产和核心竞争力是一回事吗？为什么？

讨论：如何避开把资产当成核心竞争力这个陷阱？

4. 不用客户的眼光看待一切

企业必须要在确定核心竞争力的时候，问几个问题：什么才是顾客看重的价值？顾客看重的价值有什么重要作用？企业的价值明细表里，产品或服务的价值因素是什么？客户为什么在付钱？哪些因素最重要并对价格起最大作用？这些都是在用客户的眼光看待的问题，也是企业核心竞争力中最关键的事情——一定要用客户的眼光看待一切。

这个问题的反面就是核心竞争力的一个陷阱，企业不用客户的眼光看待一切，包括市场、产品、服务等。毋庸置疑，企业刚愎自用的后果就是失去客户。

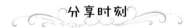

互动——你的企业是否刚愎自用？你会用客户的眼光看待一切吗

说一说你认为客户是什么眼光，你会不会从客户的角度思考问题？说出你的真实想法，哪怕与其他人不一样也可以。

讨论：用客户的眼光看与不用客户的眼光看的区别是什么？真的会影响到企业发展吗？

两步打造企业核心竞争力

打造企业核心竞争力分两步走，第一步是针对企业家的，要充分发挥企业家的第一推动力。企业家对客户价值的理念与文化的认定，以及企业家的洞察力与预见力，都恰如其分的回答了，企业如何提供独特的客户价值，因此企业家需要亲自以行为推动客户价值。

第二步是针对组织学习能力的，我们必须要做到：打造企业组织学习能力及业务管理能力，打造卓越的企业执行力建立知识管理平台，打造组织学习力建立业务管理系统，打造制度执行力建立完善卓越执行独特客户价值的机制，营造相应的文化氛围。

1. 发挥企业家的第一推动力

认定。企业家需要认定：客户是企业的衣食父母，而且只有围绕客户价值的成功才是战略性的成功。

回答。企业家需要回答：客户需要什么？企业能够为客户提供什么？企业能为客户提供的产品或服务中，哪些是竞争对手所不具有的，对客户具有独特价值的？

行为推动。企业家以行为推动客户价值，在企业推广客户价值文化，企业家本人与客户接触，要求各部门的工作围绕客户价值进行，要求所有管理者与员工的工作符合客户价值的要求。

沃尔玛卓越的顾客服务证明了山姆·沃尔顿的卓越推动力

卓越的顾客服务是沃尔玛超市与众不同的地方，也是山姆·沃尔顿大力推动的企业文化。山姆·沃尔顿在向顾客提供所需要的产品的同时，也推动了对顾客的服务，让顾客知道企业对于他们的重视，正是山姆·沃尔顿最终要推广的企业文化。

沃尔玛超市的员工必须要在错误中吸取教训，不找任何借口，并且立刻向顾客道歉。而且无论做什么，都要对顾客礼让三分。

山姆·沃尔顿曾经在第一块沃尔玛招牌上写下了最重要的四个字——"保证满意"。

沃尔玛公司的顾客服务原则：顾客永远是对的。

如果对此有疑义，请参照第一条执行。

在打造企业竞争力的两步当中，企业家成为第一步的重点。因此，企业家对于企业的影响及对于市场和客户的洞察力是无人可以取代的。也正因为如此，企业家就成为了企业竞争力打造中绝对关键的一步。

企业家必须充分发挥自身的推广能力，像山姆·沃尔顿一样，把个人的经营理念融合到企业文化当中，再推广到企业的每一个经营和生产环节当中，使得企业的每一个员工都能够成为推广的主力军。

2. 打造卓越的企业执行力

首先，企业要建立知识管理平台，打造组织学习力。企业需要推崇学习的企业文化，并且组建学习资源系统，为企业员工选择适合企业的学习培训方式，同时组织员工学习培训。

其次，企业需要建立业务管理系统，打造制度执行力。企业要发挥群策群力的作用，以此来提出战略规划，确定业务流程、岗位职责，建立制度化管理平台，并且推行严明的奖罚措施，以及锡恩4R业务管理系统。

沃尔玛三米微笑原则

沃尔玛超市的三米微笑原则是非常著名的，沃尔玛要求每一个员工都能够在三米之内，向每一个顾客微笑着打招呼，并且在问好的同时，让顾客有宾至如归的感受。沃尔玛超市就是用三米微笑原则，打造出了企业的卓越执行力。

对于沃尔玛超市的每一个员工来说，三米微笑原则是他们每一天都必须做好的工作。这项工作看起来并不困难，但是要执行到位还是会有一些困难。比如：今天我很忙，没有时间微笑、打招呼；现在我正不高兴，没有心情微笑、打招呼等情况发生。

沃尔玛公司通过对员工的培训，把三米微笑作为一个重要的工作准则和原则，融合到员工的日常工作中，在提高整体服务质量的同时，也使得员工的执行力得到了一次飞跃。

企业必须明确一个道理，没有执行力的企业就是最失败的企业。从沃尔玛公司的案例中，我们能够获得一个非常有用的信息，即执行力是不分深浅和大小的，只要能够执行到位，就能够提高企业的核心竞争力。

沃尔玛公司通过贯彻到底的三米微笑原则，培养企业员工的卓越执行力，这是一个非常好的方法。企业应该学会从小事做起，让企业员工也能够从执行一件一件的小工作中，获得执行力，并且运用到今后的每一项工作当中。

综上所述，企业的核心竞争力需要把企业家和企业执行力综合起来，虽然要分为两步走，但是也要兼而有之。不能够对任何一步敷衍了事，因为只有企业家和执行力综合起来之后，才能够使企业真正拥有属于自身的核心竞争力。

企业的核心竞争力分两步就能够打造出来，其中最重要的是企业家，以及企业的组织能力。企业要充分发挥自身的竞争优势，打造出具有企业独特价值的核心竞争力，为企业未来的战略目标打下坚实的基础，企业的战略性成功就是企业不死的最有力支撑。

第二部分

运营突破

第六章　运营机制：要结果，更要过程

　　企业面对运营都各自有各自的困惑，为什么我们努力了那么久，却还是无法得到我们想要的？要想找到问题的答案就必须突破运营。运营就是通过建立运行机制，对经营过程进行管理的行动，运营以执行文化为基础，以增收节支为原则，最后得到企业预期的利润。

　　运营机制就是要结果，更是要过程。企业的运营体系中难免会遇到这样或者那样的困难，要想解决这些困难，企业要学会向运营机制本身要答案。当企业了解了运营机制与人性之间的关系之后，许多运营中的烦恼和困惑就会得到一定程度的解答。

　　那么，我们为什么要进行运营突破呢？因为只有运营机制，才能够确保战略目标的实现。

闹钟原理：人，为什么需要被管理

　　人，为什么需要被管理？答案非常简单，因为人性是有弱点的，企业需建立起机制来管理人，而运营机制本身就已经具有了强迫性。俗语说："没有规矩，不成方圆。"这是对运营机制最通俗的说法。如果企业没有运营机制管理，那么企业要面对的就是一片混乱的状态。其实道理非常简单，在我们睡眠的过程中，如果没有闹钟的管理，我们是不会按时按点醒过来的，这就是闹钟原理。

　　无论出于哪一种阶层的人，都需要一种严格的机制管理。只有运营机制能够管理好人。准确地说，人之所以需要被管理，正是因为人会有逃避或者推脱责任的行为发生。而这样的行为对于企业是非常具有损坏性的，企业就必须通过运营机制对人进行管理，以此来确保人能够负担起属于自己的那一份责任和工作。

国务院明文规定矿井领导与工人一起下井，这是强制性的运营机制。如果没有国务院的这一项规定，矿井领导是绝对不可能与工人一起下井的，有了这项规定之后，矿井领导才会与工人一起下井劳动，体察工人的辛苦。更重要的是把安全生产放在了最重要的位置，如果矿井领导不再井下，那么他们就不会真正的重视起矿井的安全生产问题。

这就是人的惰性和弱点，也是人需要被管理的根本原因。

每一个去过沃尔玛超市的人都会发现，在沃尔玛员工的胸卡上都贴着两块钱。这是为什么呢？这是沃尔玛超市的一项管理机制，如果员工无法向客户提供优质的服务，这两块钱就是客户的了。目的就是要让每一个员工都记住：客户第一。沃尔玛超市员工胸前的两块钱，就是"闹钟"，时刻在提醒着员工："你必须要把客户放在第一位"。这就是闹钟原理，时刻提醒我们应该注意的事情。

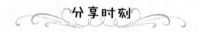

分享时刻

互动——说一说你认为"人为什么需要被管理？"

说出自己的观点，如果你认为人是需要被管理的，就说出为什么？你也可以提出不同的意见，也要说出为什么？你用过闹钟吗？你对闹钟原理的真实看法是什么？

讨论：你认为闹钟原理对企业有什么作用？

众所周知，企业是一个整体，也是一部精致的机器，任何一个环节出现问题，企业就无法正常运转。而对于企业员工来说，一旦企业无法正常运转，员工的损失就不仅仅是物质上的，更是精神上的。因为企业员工为企业做出了很多努力和贡献，企业出现危机最着急的人不是企业管理者，而是企业的员工。

如此庞大的企业，就需要一种机制来管理，更需要一种企业员工都认同的制度来管理。运营机制不仅可以保证企业的正常运行，也能够保证企业员工获得应得的利益。因此，人在被管理的过程中，管理机制就显得非常重要。换句话说，只有好的管理机制，才能够管理出好的企业员工。

从企业的角度来说，管理好企业当中的人，正是企业需要做的最重要的事情。如果企业无法管理好自己的员工，那么企业的战略目标怎么实现？企业的客户谁去维护？企业的全部工作谁去完成？因此，做企业实际上做的就是企业中的人。

企业员工都是企业中的人，也许有些员工觉得自己不需要被管理，就能够很好地完成工作。不可否认，这样的员工也是存在的，但是企业不是只有一个或者几个员工，少则上百，多则上千，没有机制的管理，这些员工就如同一盘散沙，什么工作都无法完成。

综上所述，人必须被管理，特别是企业中的人更是如此。运营机制就是企业发到每一个员工手里的闹钟，时刻提醒员工做好自己的本职工作。在企业中，无论是企业员工还是企业的高层领导，甚至是企业家自身都必须遵守管理机制。

什么是运营，什么是机制

1. 什么是运营

个人叫执行，企业叫运营，就是建立一个管理机制，保证过程结果，最后实现年度，或者更长远的利润目标的一系列管理行为。

运营是针对企业而言的，准确地说，运营就是企业的一系列管理行为。这些管理行为不仅保证了企业的正常运转，以及企业业务发展，而且保证了企业的现金流，以及企业在市场中赢得更多的利润。如果企业是一部机器，那么运营就是这部机器的使用说明书。

一个士兵的运营

一个士兵在战场上冲锋陷阵，他同样有自己的运营。首先，他确定上战场是一种制度，制度决定了士兵不能够做逃兵，否则将会受到军法处置。其次，是士兵的工具，士兵的工具就是手里握着的枪，士兵可以肯定，他的枪是最棒的。再次，士兵上战场有两个流程：发现敌人并且射击。最后，士兵进行结果定义，他必须打死 3 个敌人，自己还要好好地活着。

对于士兵的运营还有最后一项——质询，检查，改进：你的结果是什么？有什么措施？你的动作是否标准？下一次有什么需要改进的地方？

上述案例中，一个士兵从上战场开始，直到完成任务回到军营为止，整个过程很好地诠释了什么是运营。运营需要制度、工具、流程、结果定义以及质询、检查和改进这些过程，每一个过程都不能够缺少，它们保证了运营的完整，以及提供了完成运营的可能性。

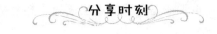

分享时刻

写作——写一篇《什么是运营》的文章

要求：用实际工作中的案例来说明什么是运营。最好不要少于 600 字，具体阐述你对运营的认识过程，你的企业运营得如何？作为企业家或者企业员工，你是怎么看待运营问题的？

不要只说一些概念，要求写成短篇的议论文，论点、论据、论证都要齐备。

用自己的语言说明，运营对于企业来说，究竟能够起到怎样的作用？

每一个小组都要选出最好的文章，然后朗读给大家听。

讨论：你认为谁的文章写得最好？为什么？

2. 什么是机制

机制就是保证结果的一整套制度、流程、方法和工具，包括决策机制、协商机制、质询机制、监督机制、改进机制、利益机制、激励机制和处罚机制等。

企业所有的运营都要形成一定的机制，只有机制可以保证运营的结果。准确地说，运营是一个过程，而机制能够保证这个过程有一个企业需要的结果。机制是经过了企业的实践验证，证明了有效并且具有可操作性的，较为固定的方法。机制本身就包含有制度的强制性，要求所有的相关人员都必须遵守，所谓的机制面前人人平等就是这个意思。

企业运营能够顺利地进行，靠的不是个人的能力，而是机制的严谨性和严格性。机制是将所有的方式和方法进行提炼和筛选，最终选出最有效、最便捷的方式和方法，形成制度并加以推广。凡是企业中的所有人，在做相关工作的时候，都必须严格遵照机制进行工作，比如：工作流程、员工守则。

机制是随着运营的不断发展而逐步完善起来的，所有的机制都是为了运营能够更加顺利。比如，监督机制、质询机制、激励机制、处罚机制等。机制一般是依靠多种方式和方法起作用的，机制是经过了多重实践检验，从而固定下来的方式方法，并且经过一系列的加工之后形成了系统化和理论化。因此，机制能够在企业内部形成整体的管理原则。

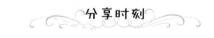

分享时刻

写作——写一篇《什么是机制》的文章

要求：突出机制的形成和重要性，说明企业如果没有机制会怎么样？企业有了完备的机制又会怎么样？

文章需要 600 字以上，阐述观点的时候要有实际案例作为支持，不要说一些空洞的概念。

每一个小组选出一篇文章，并且朗读。

讨论：你认为哪一篇文章最好？为什么？

运营是企业一系列的管理行为，机制是企业为了保证结果而制定的一整套制度、流程、方法和工具。企业运营就是为了保证企业能够长久地获得利润，并且占据有利的市场份额。企业机制就是为了保证企业的每一项工作都有好的结果，并且能够形成结果导向。

那么，企业的运营机制就是通过对经营、对过程进行管理，最终确保企业可以达到预期的战略目标。准确地说，运营机制就是战略目标的保障。运营机制就是以执行力为基础，以增收节支为原则，最终使企业获得预期的利润。运营要的是结果，更是过程，机制正是能够保证这个结果和过程的，因此，对于企业来说，完善的运营机制才是保证企业未来的强大后盾。

从根本上说，运营和机制是两件事情，但是如果企业无法把运营和机制合二为一，那么就会把结果和过程硬生生地分开，如此一来，过程无法保证结果，结果也无法导向过程。对于企业来说，运营和机制都是企业不能够忽视的战略要素，它们保证了企业在市场中赢得胜利、获得丰厚的利润，以及持续发展的机遇。

企业运营体系

企业的运营体系是由制度、流程、工具三部分组成的。运营体系主要的作用就是降低成本，提高利润。企业运营体系支撑着整个企业的战略目标，以及企业从现在到未来的一切市场利润，包括企业最需要的现金流。依靠机制来管理人的体系就是运营体系，因此在整个运营体系中，企业中的每一个人都要明白自己的职责和岗位，只有你做好了自己的工作，企业运营体系才能够正常运转。

陈列活动为什么没做好

某家名酒企业需要做一场陈列活动，市场部安排员工做陈列，具体的要求是每一个员工要做 15 家，并且要在每一家的吧台上摆放八个瓶位，桌子上摆放两个瓶位。市场部负责人认为已经安排得非常周到了，没想到在陈列活动结束后，经过检查和考核，只有两个员工算是基本上完成了任务。最终的原因是员工误解了市场部负责人的安排，认为只要把酒放进店里就可以了。而陈列活动最失败的地方就是，没完成任务的员工没有受到处罚，完成了任务的员工反而受到了处罚。

问题究竟出现在哪里呢？让我们从这家公司的运营体系中寻找答案：

①结果定义的十分清楚，但是没有任何承诺。

②口头讲了标准，但是没有培训，或者没有给出陈列标准图。

③执行过程中，没有检查，没有纠正。

④出现问题之后，虽然检查了，却没有进行公平的处罚。

⑤没有做任何总结、改进和复制，陈列计划就此搁置，没有任何下文。

上述案例中的公司的体系是非常失败的，无论制度、流程、工具，都是没有任何方法可言的。从制度上说，结果定义还是清楚的，但是没有承诺的结果就等于没有结果。从流程上来说，不仅没有形成任何有效的方法，而且在过程中也没有任何的检查和监督。从工具上来说，不仅没有改进复制，而且还惩罚了不应该惩罚的员工，放过了应该受到惩罚的员工。

案例中公司的运营体系不要说哪里是错的，实际上，任何一步都没有对的。那么企业应该如何做，才能够拥有完整而正确的运营体系呢？

1. 要确定制度、流程、工具

企业运营体系需要制度化，并且要有固定的流程，以及相应的工具。制度就是结果必须清楚，方法必须得当；流程就是员工要经过集体培训，形成标准化流程，而且执行的过程中一定要有检查、监督；工具就是总结、改进、复制，以及即时奖惩。

制度、流程、工具三合一体，才能够使企业有更好的运营体系。

2. 要明确目标和利润

抛开运营体系的过程，我们可以看到，运营体系源头是清晰的目标，而结果则是丰厚的利润。在运营体系中，目标和利润分别占据了一头一尾非常重要的位置，因此，在做任何一项项目之前，我们都必须要明确知道目标和利润。只有如此，企业才会有的放矢地降低成本，提高利润。

3. 从开始到结尾都要正确无误

整个运营体系是从结果清楚开始的，经过方法得当，过程检查，即时奖罚，最后到改进复制。每一个流程都非常重要，也都有每一项流程必须做的工作。比如：结果清楚之后，还要有承诺；经过企业集体培训，才能够得到有效并且标准的方法；执行过程中的检查是千万不可以忽视的，及时检查，及时纠正问题；特别是奖惩不能够拖延，必须马上实施；在最后的改进复制过程中，留下好的经验，总结这一次的教训，以便在下一次相同的项目中能够做到尽善尽美。

完成陈列活动的几个关键步骤如下：

①做培训：完成一个陈列活动，让员工知道这个陈列活动对于企业的价值，以及本部门的营销意义。比如：名酒陈列活动在带给公司利润的同时，也能够使公司拥有更强大的谈判资格。目的是让每一个员工都重视这一次的陈列活动。

②做示范：对员工明确这次陈列活动的每一个细节，让员工知道做什么可以得到奖励，做什么必然会受到惩罚。比如：规定每一个员工都必须做好十五家，少一家罚款 50 元，一家不合格罚款 30 元，而且必须在一个星期之内完成。

③检查：负责检查的人员要在第 8 天或者第 10 天的时候，进行现场抽验检查，并且在发现问题的地方，进行现场纠正，使得陈列活动中的错误

在第一时间内得到纠正。

④奖罚：要求没有达标的员工按照规定交罚款，并且奖励达标的员工。同时要做好结果交换，以及职业化教育的准备工作。

⑤改进复制：将陈列活动中好的经验总结出来，按照原因—措施—流程—方法的规范，写出一份《陈列活动操作流程》。并且要做成工具包，存入电子文档，下一次陈列活动的时候就可以依此工作了。

完成以上的训练，我们就能够明确知道运营体系究竟是什么了。当然了，一次模拟训练是无法全面完善企业运营体系的。要想使企业运营体系越来越完整，我们必须做好每一个项目，在运营的每一个步骤当中，用最标准的运营方式来要求。

综上所述，企业的运营体系实际上就是企业每一项工作的运营指导，企业按照这样的要求指导工作，就能够在完成工作任务的基础上，降低成本，提高利润。当企业的每一项工作都能够用最低的成本，获得最多的利润的时候，企业的竞争力就会水涨船高，在激烈的市场竞争中获得更多的发展空间，与此同时，企业员工也会迎来个人发展的广阔平台。

由此可见，企业运营体系就是企业的一根中枢神经，连接着企业的每一个部门。

企业运营出现的十大难题

任何企业的运营都不会是一帆风顺的，实际上企业运营就是在为企业解决各种各样的问题，以及降低企业出现问题的概率。因此，所有的企业在运营中，都会出现这样或者那样的问题。总结起来，企业在运营中主要会出现以下十大难题：

1. 有目标，没有分解

企业运营首先出现的就是目标问题。目标是每一个企业都会有的，但是作为运营，只有目标是远远不够的，企业还需要把目标分解，分解为每一个部门的目标，每一个员工的目标。把企业运营的大目标分解为无数的小目标，如此一来，才能够保证企业运营大目标的有效完成。

如果企业运营目标没有分解，那么负责具体工作的员工会觉得目标遥不可及，无法完成。对于无法完成的目标，一般都不知道该从哪里开始。因此，企业运营有目标，更要有分解。

2. 有分解，没有计划

企业运营在分解目标之后，一定要根据分解出来的目标，制订相应的计划。如果只分解目标，而没有实施计划，那么参与具体工作的员工就会不知所措，不知道自己现在应该做什么，不应该做什么。因此，分解目标之后的第一项工作就是针对分解目标，制订出不同的实施计划。

准确地说，对于企业各个部门来说，有了目标之后，最重要的就是要制订切实可行的计划。企业要想运营顺利，就要在分解之后立刻制订计划。

3. 有计划，没有措施

企业运营针对分解目标，制订了计划之后，却没有具体的措施。没有措施的计划，导致具体参与工作的员工不知道该如何开始实施计划。准确地说，一纸计划摆在眼前，没有具体的措施，计划就是空的，更是无法完成的。

因此，企业运营在有了计划之后，应该立刻针对计划，制定详细的措施，以此来保证计划能够顺利的实施。只有具体的措施才能够实现计划，因此，企业运营既要有计划，更要有措施。

4. 有措施，没有行动

企业制订了具体措施之后，就应该立刻行动起来。如果分解目标，制订计划和措施都已经完成，而完成之后就被束之高阁，那么之前所有的努力都会被白白浪费。只有按照具体措施立刻行动，才是对我们努力工作的最好回报。

准确地说，没有行动，再好的措施也无法实现，之前的计划也好、目标也好都只能是纸上谈兵了。不折不扣而迅速的行动，才是企业运营最关键的一环。

5. 有行动，没有检查

根据具体的措施行动起来之后，企业运营就应该进入到检查监督的模式中。谁都不敢说自己的行动是准确无误的，任何行动都存在着偏差和错误。这个时候，只有检查监督可以及时发现错误，及时纠正错误和偏差，保证每一步措施都被完美无误地执行。

在企业运营中，行动固然是非常重要的，行动中的检查和监督更是重中之重。没有检查的行动，就会产生偏差和错误，只有一边行动一边检查，才能够保证达成预期的目标。

6. 有检查，没有奖罚

既然检查可以发现偏差和错误，那么针对偏差和错误就必须有奖罚制度。有些企业，检查是检查了，偏差和错误也发现了，发现之后也纠正了，但是就是没有具体的奖罚制度。该奖励的没有奖励，该惩罚的没有惩罚，结果就变成了乱哄哄的一锅粥，员工都丧失了工作的积极性。

因此，奖罚制度是非常重要的，只有奖励了优秀的，惩罚了犯错误的，员工才能够真正的承担起属于自己的责任，更加认真地完成工作任务。

7. 有奖罚，没有改进

对于企业运营来说，奖罚并不是最终的目的。如果企业运营以奖罚作为最终目的，那么奖过罚过之后，员工还是老样子，奖罚制度就失去了原本的意义。企业运营奖罚的目的是为了告诉员工，怎样做是对的，怎样做是错误的，我们都应该向对的方向改进。

因此，奖罚之后，改进是关键。只有改进才能够让奖罚变得更有现实意义。

8. 有改进，没有提高

企业运营如果只在改进面前止步，那么也不是成功的运营。我们应该在改进之后，针对此项工作有所提高。改进是针对某一个问题，而提高是针对全面的工作。如果我们只改进不提高，那么以后面对同样的问题，我们还会犯同样的错误。

因此，改进之后，我们还要有所提高。

9. 有提高，没有复制

企业运营需要更多更好的方式方法，因此，我们在提高之后，要把优秀的方式方法复制下来。复制优秀的方式方法是为了更好地完成工作项目。试想一下，如果下一次企业有了同样的工作项目，而我们有了优势的工作方法，不仅会节省时间，也会为企业降低成本，一举两得。

10. 有复制，没有持续

复制的目的不是归档之后就束之高阁，而是要在实际的工作中持续地运用。如果只有复制，而没有持续运用，那么我们之前的工作就成了无用功。因此，在一系列的难题被解决之后，我们得到的最好的运营方法，就是要在以后的工作中持续运用的。如此一来，我们才能够获得企业运营所需要的结果。

企业运营中出现的十大难题都有解决的办法，我们只要认真负责地执行每一项运营，就会得到预期的结果。当企业运营出现问题的时候，也是对我们个人能力的考验，每一个员工都应该主动承担责任，认真完成自己的工作，如此一来，企业运营的难题就迎刃而解了。

运营中的困惑与烦恼

企业运营中会遇到各种各样的困惑和烦恼，如运营中的任何一个环节都会出现的错误，或者没有办法说清楚的人事制度，执行过程中烦琐的审批手续等。既然是运营中的困惑和烦恼，就一定会在运营体系中找到解决的答案。我们需要做一些具体的工作，以及一些积极的改进和提高，使得企业的运营更加顺畅，减少运营中出现困惑和烦恼的概率，加强企业运营体系的稳固。

在企业运营中，遇到的困惑和烦恼主要集中在以下七大方面：

1. 运营制度过于烦琐，无法正常工作

企业在运营过程中，会有一些看起来很必要，实际工作起来却非常麻烦的制度。要想做好一件工作，就必须按照制度进行，但是过于烦琐的制度，会浪费太多的时间，使得我们无法正常工作，有许多重要的工作也被耽误了。

比如，公司买个空调，还得分派人员去现场考察，然后经上层批准后才执行，导致许多重要的事都耽误了。

2. 运营责任不明确，企业受到损失

企业运营过程中，责任的不明确会造成许多困惑和烦恼。一份文件往往会需要各种各样的公章，而具体办事的员工不一定了解全部，如此一来，在运营责任不明确的情况下，就会因为缺少一个公章而损失企业的利益。

比如，投标书因为少盖了一个章，结果退标了，损失了赢利 2000 万元的机会。

3. 生产和销售脱节，企业受到损失

企业运营过程中，生产部门和销售部门脱节，生产部门不知道哪些产品容易销售，销售部门不知道企业产品应该如何使用。生产和销售之间没有具体的沟通，不仅会造成企业的损失，而且会让企业陷入到三层业务链断裂的危机当中。

比如，产品出厂了，在客户处调试时发现一个齿轮选错了，退货给公司造成了很大的损失。

4. 部门之间协调不畅，企业名誉受损

任何企业都不会只有一个部门，而每一个部门都会负责具体的工作内容。企业家要懂得，企业运营不是一个部门就可以完成的，需要的是多个部门一起合作。因此，部门之间的相互协调就变得非常重要，如果部门之间协调不畅，那么企业不仅会经济受损，而且名誉也会受到损害。

比如，锅炉压力低，产品不达标，设备处承诺两天达标，销售部也告诉了客户，结果三天了，还没有修好，客户表示非常不满意。

5. 运营过程无法保护商业机密

任何企业都会有属于自身的商业机密，而当运营过程无法保护商业机密的时候，企业就会面临各种各样的麻烦。商业机密对于企业来说，就等同于个人隐私。如果个人隐私泄露了，那么就代表着我们个人的生活开始不安全了。对于企业也是一样，商业机密被泄露之后，企业运营也会变得岌岌可危。

比如，降价会议讨论，会还没开完，客户都知道公司要降价了。

6. 运营制度不合理，员工不满意

企业有一些运营制度是滞后于企业发展的，准确地说，企业不断向前发展，但是运营制度还是老一套，无法适应企业新的情况。如此一来，运营制度的不合理，就会导致员工对企业的极大的不满意。企业不仅会停止发展，而且会失去非常重要的核心员工。

比如，出租司机每月交份钱，太集中，一来就是一个下午，排队交款，怨声很大，有的来不了就罚款，许多司机不干了。

7. 运营流程具体实施起来有困难，容易造成企业损失

有些时候，企业的运营流程是非常合理的，但是在具体实施的时候会出现一些问题。简单地说，企业运营流程合理，却没有效率。员工为了节省时间，就会跳过中间的一些环节，而往往就是这些被忽略的环节中更容易出现问题，最终造成企业的损失。

比如，公司要求采购大宗货品要亲自到厂家考察，但是采购人员听信别人的介绍，也相信了图片资料，结果进来的货都不合格，损失较大。

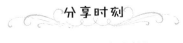

互动——小组讨论

要求：

①在你的企业运营中，最近什么事情让你最苦恼？

②如果用运营机制去解决，你需要做些什么具体的事情？

③每个人的发言时间3分钟，请认真准备。

综上所述，企业运营中的困惑和烦恼都是来源于运营体系本身，无论是制度、工具，还是流程，总是会有一些不尽如人意的地方。既然困惑和烦恼产生于运营当中，我们就应该从运营当中寻找解决问题的答案。实际上，要想彻底解决运营中的困惑和烦恼，运营体系本身就是答案。企业不能够受困于运营，而是应该不断更新运营，向运营体系要答案。

管理变革的几个标志与风险

随着中国市场经济的日臻完善，管理变革也如火如荼地进行着。对于企业运营来说，管理变革有几个标志，并且也存在着不同的风险。当然，有风险就会有解决之道，企业在管理变革当中，应该看清楚未来发展的方向，才能够顺利地突破运营，实现企业的战略性成功。

实际上，管理变革就是从个人化运营，转变成体系化运营。准确地说，就是企业管理者亲自做工作，或者指挥员工做工作，来带动企业的运营。彻底的转变为企业管理者决策战略与计划，通过制度、流程、工具，让中层管理者各司其职。企业管理者通过质询会体系与检查体系，掌控公司的运营，各部门以客户价值为导向做结果，形成内部自我驱动的执行。企业管理者把更多的精力投入到整合资源，重大业务，战略纠偏，干部培养等重大事情上。

1. 管理变革的标志

管理变革的标志主要有两个:

(1) 企业管理者或者企业家,从靠个人能力推动运营,转变成靠体系的力量推动运营

当企业的运营方式在靠个人能力推动的时候,企业运营会出现许多问题。在个人化运营阶段,由于企业管理者的一时疏忽,就很可能造成企业无法挽回的损失。而且我们都知道,一个人的能力是有限的,就算企业管理者是最优秀的个人,也无法代替整个运营机制。

个人化运营的所有问题,都会被体系化运营所解决。因此,管理变革的重要标志之一,就是从以个人能力推动运营,转变为以整个体系推动运营。简单地说,就是从个人化到体系化的管理变革。

(2) 企业管理者或者企业家,从经验型的管理,转变成靠文化与制度管理

企业从经验型管理向制度性管理转变的过程,也是管理变革的重要标志之一。企业管理者不再用个人的经验来管理企业,而是用制度来管理企业,这就意味着,企业从初级阶段进入了发展的高级阶段。这样的管理变革为企业带来无限活力的同时,也为企业带来了无限商机。

经验型管理有一定的局限性,而依靠文化和制度来管理企业,就会使得这些局限性减弱或者消失。简单来说,经验是属于个人化的,而文化和制度则是属于体系化的。

2. 管理变革的风险

古今中外,没有一场变革是没有风险的,变革和风险是绝对共存的。因此,管理变革中也会有风险的存在,企业在管理变革中要面对哪些风险呢?

①感觉靠体系管理效率会慢,层次多了,不如以前快,容易放弃;

②习惯是亲自冲在一线带兵打仗,见到小结果才踏实,而不习惯指挥

打仗；

③处理不好文化与机制的关系，会导致部分员工不适应、不理解"被管理"而流失，因为水清了，不养鱼了。

管理变革与风险共存，同样的道理，风险也是与解决之道共存的。简单地说，有风险就有解决之道。企业管理变革的风险，具体有哪些解决之道呢？

解决之道一：结果文化与契约精神的长期教育；

解决之道二：变革要逐步进行，不能够过激，有3年变革的打算。

综上所述，可以得到两个非常重要的结论：

第一，企业要想转变为体系化运营，最主要的就是企业管理者的价值观，如果企业管理者认为体系化运营会影响工作效率，也会影响企业管理者看清楚基层的工作，更会影响企业管理者亲力亲为的工作习惯，那么企业管理者就不要做体系化运营。但是企业管理者可以学习一些运营的方法与工具，特别是质询会一定要学会，然后应用到自己的企业中，有助于提高企业的管理效率。

第二，企业是否变革为体系化运营，就要看企业的规模，如果是小企业，而且是特别小的企业，建议企业管理者可以先学习结果定义与质询方法，至于制度、流程则可以先放一放。现在开始做好体系化的准备才是最重要的。如果是中型企业就必须要做管理变革，因为企业在这个阶段中就如同逆水行舟一样，不进则退。因此，没有体系化运营的支撑，企业很难提高运营效率。

网线在哪里

老师住进酒店，想要上宽带网，但是找不到网线，看到有一根黑色的细线，像是一根电话线，插上之后电脑的确没有反应。

老师打电话给客房中心，客房中心服务员回答："我会让师傅帮你解决问题。"师傅来了，试了一下，也不好用，就出去取线，师傅回来时说，网线就在一个盒子里。果然桌子上有一个黑色的盒子，很精美，里边确实有网线，安装之后好用了。老师问"您不知道这里有网线吗？"师傅说"我是负责'强电'的，负责'弱电'的师傅正在修理复印机。"

讨论：这家酒店需要管理变革吗？为什么？需要哪些管理变革？风险是什么？

上述案例中，酒店中的员工并不是每一个都知道网线在哪里，这就暴露了酒店管理机制中的不完善。这家酒店不仅需要管理变革，更需要对管理变革中所产生的风险提前预知。如果酒店预知管理变革的风险，那么酒店的变革就可以做到有的放矢，在避开一些变革风险的同时，也对不可避免的风险多做一些准备。

机制与人性的关系

1. 机制的特点

从表面上看起来，机制和人性的关系是相左的。因为机制中的各种规定和条例，就是为了抑制人性，不让人们随心所欲。而实际情况却是，机制和人性的关系是相辅相成，彼此支持的。因为就算机制再好，也需要人来完成，如果没有人，机制只能是一纸空文。而人性中的惰性和优点都需要机制激发出来，简单来说，人性只有在机制当中，才会变得更加优秀。

对于企业运营来说，机制和人性的关系就是相辅相成的运营与文化。企业只有将机制与人性之间的关系捋顺之后，才能够发挥关系中的优势，让机制更加以人为本，让人性在机制中更加优秀。那么，机制究竟有哪些特点呢？

（1）机制的特性是强制性的

众所周知，机制本身就具有强制性，所有的机制都需要我们遵守，并且按照机制中的各种规定去完成各项工作任务。对于人性来说，机制的强制性是有一些不容易接受的。因为人性是渴望自由自在的，而身处于条条框框的机制中，人性就会有被束缚的感觉。

但是，机制的强制性对于人性来说又是非常有好处的，因为机制的强制性不仅可以使人性克服自身的弱点，而且能够让人性充分发挥出自身的优势。如此一来，人性的弱点就会在机制中越来越少，而人性的优势则会越来越强大。

（2）机制的目的是用来要结果的

任何机制都是为了结果而存在的，因此，机制的目的就是结果。每一个在机制中工作的人，都必须按照机制的要求，给出一个机制所需要的结果。这对于人性来说也是一种挑战，因为人性是有惰性的。在困难面前，人性往往会很容易就放弃。

但是，机制是不允许人性放弃的。机制要的是结果，所以人性就必须要做到结果，才能够休息。如果人性不能够给出结果的话，机制就会一而再再而三地提醒，这样放弃是绝对不可以的。在机制的这一特点中，机制和人性的关系是相互制约，也是相互支持的。

（3）机制的意义是可以复制团队的

在机制中工作，我们可以根据机制来复制团队。准确来说，就是复制出更多优秀的团队，这就是机制的根本意义。人性有时候是非常自私的，对于团队来说，人性的自私是非常不可取的。能够抑制人性自私一面最好的方法就是机制。

在机制中的人性具有广泛的团队精神，不仅可以把自身融入到团队当中，而且也可以克服人性的弱点，在团队中成长为一名优秀的企业员工。在机制的意义当中，人性和机制的关系是大与小的关系，大的是机制里复制的团队，小的是人性中的自私因素。

2. 机制与人性的关系

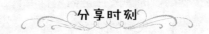

互动——讨论机制和人性的关系

每一个人都要发言，发言的时间在 3 分钟左右。

要具体说出机制和人性的关系，不一定要形成具体的概念，但是一定要有发自内心的感受。

说一说你和机制之间的关系，你和机制有什么故事吗？

你认为，机制和人性之间到底是互相制约，还是互相支持呢？

在企业运营的过程中，机制和人性之间会出现一些问题，有些人认为，机制限制了人性的自由发挥，限制了人性的创造能力。也有些人认为，人性必须服从机制，否则企业就没有什么制度可言了。更有些人认为，人性就是要被机制所管理的，不然人性就更加无法无天，到那个时候，企业的规章制度就形同虚设。

实际上，以上三种看法都有对的地方，但是又都不完全正确，那么机制和人性究竟是什么关系呢？接下来具体分析一下：

（1）机制遏制人性的弱点

严格来说，任何企业的机制都不是短时间内完成的，而是经过了许多的危机和过程，才最终形成了一套有特点也有共性的机制。因此，机制是能够遏制人性中的弱点的。人性中是有很多弱点的，比如：懒惰、自私、容易放弃等。这些弱点不仅会影响工作，而且也会对企业造成一定的损失。

既然机制能够遏制人性的弱点，那么就一定会采取一些比较强硬的做法。人性中的弱点可不是那么容易就会消失的，这些弱点对于个人来说，也许无伤大雅，但是对于企业来说，往往就会成为企业成败的关键。

（2）机制弘扬人性的优点

在机制中，遏制人性的弱点不是最终的目的，弘扬人性中的优点才是机制真正要做的。对于人性来说，弱点和优点是人性的两面，而只有在机制当中，人性的优点才会越来越强，弱点才会逐渐消失，人也会变得越来越优秀。

在现实生活中，自然是不会有只有优点而没有缺点的人，但是在机制中，却会存在这样优秀的人。因为机制在弘扬人性优点的同时，也能够巩固人性的优点，使人性多出很多的闪光点。

综上所述，机制和人性的关系就是管理和被管理的关系，人性通过机制的管理，优点变得越来越多，而缺点则会越来越少。机制能够让人性变得优秀、闪光、卓越。

第七章　5I 管理机制：如何确保有结果

5I 的管理机制就是确保战略目标能够实现，确保企业的任何一项工作都会达到预期的结果。5I 的管理机制不仅有非常完善的模式和结构，而且也有属于 5I 管理机制的优势，以及独树一帜的 COO 制度。企业要想获得预期中的结果，就必须建立起 5I 管理机制，以及 COO 制度。

5I 管理机制的每一个步骤都是经过长期实践得到的，因此对于企业来说，5I 管理机制和 COO 制度，在帮助企业建立起完善的运营机制的同时，也会给企业带来极大的市场利润，以及为了发展的美好前景。在 5I 的管理机制下，建立起 COO 制度，代表着企业已经进入了体制化运营阶段，拥有正规的管理机制模式，以及与其相辅相成的制度。

如此一来，企业的每一项工作任务都会有预期的结果，而结果将把企业导向最快捷的战略性成功之路。

5I 管理机制模式

5I 管理机制模式就是由 5 个英文字母以 I 开头的英文单词组成的管理机制模式，具体包括：

I1——Inform 结果清楚；

I2——Idea 方法明确；

I3——Inspect 过程检查；

I4——Immediately 奖惩及时；

I5——Improve 改进复制。

企业运营需要建立 5I 管理机制，从 I1～I5 的每一个步骤都是为了实现企业的战略目标。而 5I 管理机制模式的精髓，正是运营全部过程中最容易出现问题的阶段。企业要想拥有完善的运营机制，就必须建立起全面的 5I 管理机制模式。

接下来把 5I 管理机制模式分解，说明 5I 管理机制模式的精髓，详细地分析每一个步骤：

1. I1——**结果定义要清楚**

管理方法：清晰目标，结果承诺，规定奖罚，意义先行。

管理要点：

①对承诺负责，对公司战略负责。

②责任必须是一对一的，而不能是一对多的。

③备忘录是必不可少的，白纸黑字是对制度最好的坚持。

④坚持第三方检查人制度，开放才能够达标。

管理意义：

①结果清楚，执行力才能够得到充分的发挥，并且检查也会有明确的方向。

②结果清楚，才知道应该运用什么措施。

③责任明确之后，就可以杜绝推诿和扯皮行为。

执行思想：把丑话说在前面。

2. I2——**清楚之后有方法**

管理方法：途径、步骤、手段的有效化。

管理要点：

①制度和规定必须是明确的。

②需要不断总结。

③懂得运用头脑风暴法。

④实践才是一切工作的基础。

管理意义：

①问题得到解决。

②方法有可操作性。

③降低工作成本。

执行思想：困难一定比方法少。

3. I3——方法过程要检查

管理方法：结果分解之后，找到其中的关键点，以便于第三方检查，并且公开检查的过程和结果。

管理要点：

①建立完整的 COO 体系。

②必须运用没有利益关系的第三方检查。

③排除主观臆断，唯有事实和数据最可靠。

管理意义：

①矛盾就地解决。

②及时纠正，保证结果的正确性。

③杜绝检查中的不良风气。

执行思想：检查才是管理的核心。

4. I4——检查过后要奖罚

管理方法：以规定期限而论，完成任务的获得奖励，没有完成任务的受到处罚，这是对承诺的兑现。

管理要点：

①奖惩必须及时。

②奖罚之后说理由，为工作结果画上完美的句号。

③不可抗力因素不要处罚，调查清楚之后再处罚。

④物质奖罚是必要的，但是精神奖罚更重要。

管理意义：

①处罚的目的是要改进，保证不再出现同样的问题，奖罚最有效的方

法就是要形成集体记忆。

②奖罚只是一个形式，通过奖罚告诉员工，企业鼓励什么样的行为，反对什么样的行为。

③奖罚可以使员工的执行力有质的飞跃。

执行思想：奖罚出人才。

5．I5——奖罚目的是改进

管理方法：运用集体智慧，将经验、教训，以及新的方法，运用到制度、流程中，并且使得团队有章可循。

管理要点：

①共性第一，个性不谈。

②简单第一，不要复杂。

③近期重要，不考虑长远。

管理意义：运用机制的力量，让错误止步，让团队优秀，让成功持续。

执行思想：团队的优秀可以复制，流程必须反复优化。

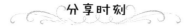

分享时刻

训练——用一个管理上的案例（难题），用5I快速写一个管理机制

I1：结果定义：结果要如何定义？制度需要怎样的结果和执行力？

I2：方法得当：方法和流程如何达到制度的结果？

I3：过程检查：如何最有效的执行监督？如何监督？

14：即时奖罚：如何奖励？如何处罚？根据是什么？

I5：改进复制：修改与完善谁来负责？如何进行？

讨论：你认为谁的5I管理机制模式最为完善？为什么？

作为企业运营机制的5I管理机制模式，就是以结果作为导向，向方法要工作效率，向检查要工作质量，并且运用奖惩制度，让每一个员工都知道如何做工作才是对的，怎样做工作就是错误的。如此一来，企业员工就可以从对错之中找到改进的道路，而且在以后的工作中复制对的工作方式，摒弃错的工作方法。

综上所述，5I管理机制模式关系到企业运营的每一个方面，只要企业能够建立起5I管理机制模式，就能够保证企业在每一项工作任务中获得预期的结果，并且将优秀的工作方式持续下去。企业和企业员工都会因为5I管理机制模式变得越来越优秀，企业的员工能够各司其职，整个企业运营得生机勃勃。这样的企业不仅会为内部的员工搭建起更加广阔的发展平台，而且也会为外部的客户提供更多的独特价值。

5I管理机制模式是非常优秀的运营机制，也是适合中国市场经济的运营机制。

5I 管理机制的结构

对于企业的运营来说，5I管理机制的结构非常简单，就是实际工作中，企业员工无论用什么样的方法，都必须要给企业一个结果。从5I管理机制的结构中，我们可以看到，从结果定义到明确方法，从过程检查到及时奖惩，再到最后的改进复制，没有一个结构不是围绕着结果展开的。所有的结构都是为了一个目的，那就是你必须要做出结果。

5I管理机制一共分为五个部分，详细分析如下：

1. 职责梳理，结果定义

首先要将职责梳理清楚，明白应该负起怎样的责任，才能够完成不同的任务。如果企业员工在开始工作之前，根本就不知道自己应该承担的责任，那么就算再清楚的结果定义，也无济于事。因此，在5I管理机制当中，我们要从职责梳理开始一天的工作。

职责清楚之后，我们要对每一项工作任务进行结果定义。如需要怎样的结果，这个结果要具体不要概况，要承诺不要空口无凭。从企业运营的角度来说，结果定义就是一项工作最基础的结构，也是整体工作中非常关键的环节。

2. 过程检查，改进提高

任何一项工作的过程中必须要有检查，每一次检查的结果就是一次改进提高。企业的运营当中，过程检查是必需的，无论是对于工作过程，还是对于工作中的责任和权利。缺乏检查的过程是不完整的，更重要的是不检查就无法及时发现问题，解决问题，那么工作就无法顺利地向着结果导向前进。

在过程检查中，我们更多的是在学习改进工作方法。也许我们的工作方法不是最好的，但通过检查，我们能够学会更好的工作方法，在提高工作质量的同时，也会相应的提高工作效率。由此可见，检查并改进和提高，正是为了确保结果。

3. 制度保证，流程、工具

5I管理机制的第三部分涉及了企业的制度，没有制度的保证，再好的管理机制都等同于虚设。因此，制度保证对于企业运营来说，就是一把非常重要的保护伞。可以说，没有制度保证的管理机制，根本就无法获得任何结果。

除了制度的保证之外，流程和工具也是工作过程中非常关键的环节。企业的工作流程是经过了许多人实践而得来的，也是最标准的工作步骤。而合理的使用工具，则可以起到事半功倍的效果。应该说，每一个企业员工都应该把工作的标准流程熟记在心里，并且熟练地运用各种工具，顺利完成工作任务。

4. 质询会体系：确保公司战略

质询会是5I运营机制的具体方式。质询会体系介绍：一张计划表，一个COO检查，一个改进方法，改进是重点——提高能力，传授方法，教会工具，最后是纠正心态。如何开好质询会，流程、话术与会议控制，用公开的方式做部门之间的配合与协作。

质询就是质疑和询问。质询会与一般工作例会有以下几点不同：

①结果必须明确，讨论才不会跑题。

②不需要私下沟通，只需要公开质询，部门相互配合，现场解决问题。

③为了保证实现结果，就要进行过程跟踪。

④企业业绩和战略目标要分阶段实现。

5. 结果

5I 管理机制的每一个结构最终都是为了结果而服务的，如果没有结果，那么以上的 4 个部分就会失去工作中的实际意义，工作也会变成盲目的无用功，企业更是浪费了人力和物力，而见不到一点效益和利润。因此，结果就是企业的带头的 1 字，没有了这个 1 字，企业就是有再多的 0，到最后依然是 0。

工作有了结果，员工才会得到企业的认同；企业有了结果，才会得到市场和客户的认同。5I 管理机制的结构就是，无论你是否愿意，你都必须做出结果。由此可见，结果是 5I 管理机制结构的最终定义和导向。

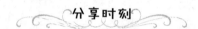

分享时刻

训练——用实际案例说明 5I 管理机制的结构

要求：

①形成文字，不能低于 800 字；

②写清楚 5I 管理机制的结构，每一个组成部分都要写明白；

③如果有问题，也要在文章中写出来；

④重点要写如何才能够运用 5I 管理机制获得结果。

讨论：你认为 5I 管理机制的结构到底是什么？在实际的生产和工作中，到底有什么作用？

对于 5I 管理机制的结构，每一个组成部分都是非常重要的，我们要做好每一个步骤，才能够获得最终的结果。从 5I 管理机制的结构中，我们可以获得许多的信息，也知道了对于结果，我们需要做好哪些工作。按照结构当中指明的方向，我们从第一步开始就有条不紊地进行，会得到预期的结果，企业也会赢得战略的胜利，以及实现战略目标。

实际上，结果是企业提供给客户的独特价值，也是员工对企业的最大贡献。企业会根据结果对员工进行奖惩，以及升职加薪，而客户则会根据结果决定是否继续支持企业。这就是 5I 管理机制的结构对企业运营的最大作用和贡献。

5I 管理机制模式的优势

5I 管理机制模式的优势就是，非常适合中国民营企业的运营机制。当今中国的市场经济已经十分成熟，但是作为中国民营企业来说，还不能够完全适应中国的市场经济，有一部分民营企业，特别是中小型民营企业，还在苦苦地寻找适合企业发展的运营机制。而 5I 管理机制模式正是时代给予中国民营企业的最好的礼物，它不仅十分适合中国今天的市场经济，而且也更适合中国民营企业的运营模式，以及未来的发展方向，从而确保了中国民营企业在市场经济中的位置和未来。

5I 管理机制模式有五大优势，十分契合中国民营企业的运营和发展：

1. 结果定义正确了，执行成功了一半

对于中国民营企业来说，结果定义的概念必须要深入企业每一个员工的内心。因为民营企业经历了管理的变革之后，还没有完全形成结果导向。如果把 5I 管理机制模式中的 I1——结果定义，植根于民营企业运营当中，那么，民营企业的执行力就会提升不止一倍。

民营企业需要从结果定义中找到一条属于企业的发展之路，民营企业家应该把结果定义正确，执行成功了一半的思想，融进自己的企业当中。在管理变革之后，让企业的每一个员工都能够理解，并且相信这样的理念

和体系化运营。

2. 没有好方法，好措施，再好的愿望也等于"零"

好的愿望要靠好的方法和措施去实现，这是5I管理机制模式第二个适合中国民营企业的优势。民营企业有很多好的想法和愿望，但是往往会受困于不知道应该如何去实现。5I管理机制模式中的I2——方法得当，就是解决这个问题的最好办法。

在民营企业的运营过程中，好方法和好措施往往无法得到很好的推广和运用，然而在5I管理机制模式中，有了好方法和好措施就能够获得好结果。这就是民营企业急需改进的地方，也是民营企业跟上市场经济步伐的重要环节之一。

3. 70%的时间都应当用于检查，这是管理的核心

中国民营企业在运营的过程中普遍会存在这样一个问题：对于工作过程以及部分人的权利，缺乏检查和监督，这个问题往往是导致民营企业运营失败的主要原因。5I管理机制模式中的I3——过程检查，正是解决以上问题的最好办法。

通过5I管理机制模式，民营企业就会明白一个道理：在企业运营的过程中，70%的时间都是用来检查和监督的，这才是企业管理的核心。加强对工作过程以及权力、责任的检查和监督，民营企业将会在运营管理中上升到一个新的高度。

4. 即时奖罚不是钱的问题，是要引以为戒

在中国民营企业运营过程中，存在着一些人情代替制度的现象。即使检查出来错误，也不会进行惩罚，觉得只要改正了，下不为例就可以了，忽略了不能够即时奖惩，给企业运营带来的危害性。5I管理机制模式中的I4——奖惩及时，正是对类似的问题对症下药。

民营企业的运营机制必须形成这样的制度：即时奖罚并不是钱的问题，而是要让受到惩罚者引以为戒，获得奖励者引以为荣。这一制度就是要让每一个员工都知道，对了就会得到奖励，错了就要受到惩罚，只有奖

罚分明，才能够获得人才，得到结果。

5. 改进复制，是我们少犯相同错误的最好方式

中国的民营企业基本上都没有建立良好的改进复制机制，好的经验和方法不能够得到及时的推广，在工作中出现的问题和错误，也无法及时地广而告之，导致相同的错误不断发生的情况。5I 管理机制模式中的 I5——改进复制，就是纠正这一个错误运营方式的最好办法。

建立改进复制机制之后，就能够减少我们犯相同错误的概率，提高优秀的工作经验运用的概率。为企业把好的方法、措施、经验都留下来存入档案，并且在一定范围内扩大并推广，这就是改进复制机制的最终目的，也是民营企业现在所缺少的运营机制。

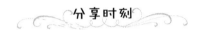

分享时刻

训练——用 5I 管理机制模式模拟运营

要求：

①用 5I 管理机制模式纠正企业运营中的错误；

②学习熟练运用 5I 管理机制模式的 5 个优势；

③说一说在具体企业运营的过程中，你遇到了哪些困难？

讨论：5I 管理机制模式的优势是不是能够解决你的企业存在的问题？

5I 管理机制模式的优势，真的适合你的企业吗？

综上所述，5I 管理机制模式的优势就是适合中国民营企业的运营和发展。它不仅能够使民营企业更快适应并融入现在的市场经济中，而且会带给民营企业战略性的发展和成功。这些都是处于市场经济变革中民营企业所急需的。

5I 管理机制模式能够帮助中国民营企业走向运营的正规化，也就是体系化的运营模式，从而改变民营企业个人化的运营模式，并且得到市场经济的认同，以及客户价值的最大化。从战略的角度来说，民营企业和 5I 管

理机制模式是天生的一对，融合到一起之后，民营企业将会正式走进市场经济，并且有可能成为国际化的大企业。

建立 COO 制度

COO 是英文 Chief Operating Officer 的缩写，它实际上就是企业 5I 运营管理的首席运营官。COO 的主要职责就是，作为独立第三方对执行的结果情况进行检查、监督，COO 有依照制度与承诺进行检查监督权，裁决与纠正的权力，但没有发布任何命令的权力。而 COO 只对企业管理者或者所有者直接负责、汇报。

1. COO 的职责

COO 在企业运营中的地位非常特殊，虽然不是决策者，却有非常大的管理权力。从工作性质上来说，COO 就是企业的中层管理人员，却能够直接与企业的决策层一起工作，并且 COO 的意见和建议，每一个决策者都是非常重视的。以下就是 COO 在 5I 管理机制模式中的岗位职责：

（1）结果管理

COO 负责制订周、月计划，汇报、汇总、审核企业运营中的各项工作指标，并且主持质询会，以及负责执行结果的统计、公布与奖评。这一系列的工作，都是 COO 对 5I 管理机制模式结果的管理工作。

（2）检查改进

COO 需要根据计划或者企业管理者或者企业家的指令，对执行的过程与完成的情况进行跟踪和检查，并且需要把检查结果汇总公布，在做好裁决、奖罚的同时，进行纠正工作。检查改进也是 COO 的一项非常重要的岗位职责。

（3）体系完善

COO 的岗位职责还包括总结、改进公司的运营模式与制度、流程，并且把如何完善运营体系的报告汇总给总经理办公室，得到批准之后，要在企业各个部门中进行推广使用，目的就是要提高企业的运营效率。

（4）文化传播

COO 的岗位职责还要负责管理品牌的积分制度、三级警告制度、5I 宣传墙以及撰写执行文化中的经典故事，或者案例。COO 还要负责在企业里弘扬执行文化。企业的执行力培训也是 COO 的日常工作内容之一。

2. COO 的任职条件

企业要想建立 COO 制度，就必须先选出合适的人选。因为 COO 本身需要具备一定的管理能力，以及职业道德和职业精神，才能够使得企业的 5I 管理机制模式顺利的运营。企业在建立 COO 制度的时候，一定要耐心选拔人才，COO 的人选一定要符合以下几个基本条件。

（1）坚持原则

COO 需要公正、客观、冷静，并且在任何时候都要保持与企业一致的价值观。

COO 比较具备合格的职业道德，一个不能够坚持原则、不敢承担责任的人是无论如何都无法成为合格的 COO 的。因为 COO 在企业中的地位非常特殊，既要参与到整个运营机制当中，负责每一个具体的步骤，又没有决策权和奖罚权。这种特质就决定了 COO 一定不能够是一个以权谋私的人，而是一个坚持原则的人。

（2）熟悉业务

COO 需要掌握企业全部情况，一旦出现问题，必须第一时间知道谁负责，如何有效解决问题。

COO 对企业的一切资源配比、人员情况等都要了如指掌，只要是企业的事情，无论是大事还是小事，COO 都应该是最了解和熟悉的人。如此一来，无论工作中出现任何问题，COO 都会第一时间找到应该负责任的人，纠正错误并且解决问题。

（3）工作有方

COO 清楚用什么方法，在什么时间里进行检查监督，以及知道如何纠正、指导、奖罚。

对于 COO 来说，每一天的工作内容都离不开 5I 管理机制模式中的那 5 个 I，因此，COO 必须有自己的有效工作方式，不仅可以完成每一天的工作，而且能够做出正确的判断。因为 COO 有着企业中无人能及的话语权。

（4）善于沟通

任务前，讲清楚意义；任务后，要懂得沟通和改进。

工作有原则也有灵活性。通俗的说，COO 必须是一个能说会道的人。因为对于 COO 来说，每一项工作都是通过有效沟通，才最终顺利完成的。因此，有效沟通是 COO 的必修课，也是 COO 必须具备的工作技能。无论面对的是企业中哪一个阶层的人，COO 都要善于沟通，只有如此才能够出色地完成工作。

讨论——说一说你对建立 COO 制度的设想

要求：

①你是否应当建立 COO 机制？

②你的理想人选是谁？

③你应当告诉他 COO 负责什么？

④你打算什么时候启动 COO 制度？

COO 的制度特点就是，COO 只有检查的权力，而没有决策权和奖罚权，完全是以"第三人"的身份参与企业的 5I 管理机制模式中。因此，COO 在 5I 管理机制模式的每一个阶段中，都不是一个决策者，而只是一个管理者。那么，企业为什么还要建立起 COO 制度呢？

俗语说："当局者迷，旁观者清。"而 COO 就是企业 5I 管理机制模式中的独立第三方，也就是通俗意义上的"旁观者"。COO 在企业运营机制当中的身份，决定了他看待事物的角度是特殊的，也是企业中任何一个人都无法做到的。准确地说，COO 可以看到其他人看不到的错误和问题，也就能够帮助企业及时纠正这些错误，并且解决这些问题。

对于企业运营机制来说，COO 是一双非常特殊的眼睛，他能够通过检查、跟踪等工作方法，及时发现并指导纠正问题。因此，企业在运用5I管理机制模式作为企业的运营模式的同时，必须建立起 COO 制度，以此来保证企业运营模式能够更加有效率地运行。

第八章　I1：结果清楚

5I 运营管理机制——I1 结果清楚。战略型的企业需要结果清楚，结果就是"千里之行始于足下"。企业运营机制需要用结果来说话，从战略角度来说，结果就是客户的认同，而从执行力角度来说，结果和任务是不能够画等号的。企业需要清楚的结果，因为企业有了结果才能够继续在市场中生存并发展。

结果是企业为客户提供的独特价值，结果也是企业赢得的市场利润，总而言之，结果清楚与否，决定了企业是否有未来。那么企业要如何才能够获得结果？我们到底是在做任务，还是在做结果呢？企业要想得到清楚的结果，就必须解决以上几个问题。

结果清楚不仅对企业运营非常重要，对企业员工的个人发展也是非常重要的。简单来说，企业运营有了结果，就有了客户和市场；企业员工有了结果，才会有更好的职位，以及更多的薪水。

什么是结果，什么是任务

1. 什么是结果

要想知道什么是结果，就要先知道什么不是结果。首先，我们的工作态度不是结果，就算你工作再认真、辛苦，也不代表你的工作有结果。其次，我们的岗位职责不是结果，你尽职尽责的工作，只说明你对工作负责任，而不能说明你的工作是有结果的。最后，我们完成任务也不是结果。

那么究竟什么才是结果呢？在企业运营中的结果是针对客户而言的，那些对于客户有价值的，才是真正的结果。准确地说，真正的结果是需要客户认同的，所有客户不愿意出钱买的东西，都不是结果。得不到客户的认同，就算我们工作再辛苦，也都是一文不值的。

对于企业运营来说，认定一个结果需要具备三个条件：

（1）有时间（有最后的期限）

客户需要我们给予结果，但是客户不会无限期等下去。因此，我们的结果一定要在一定的期限内完成，并且把结果呈现给客户，等候客户对结果的认同。如果在最后的期限之内，我们没有能够拿出结果，那么我们不仅会失去客户的信任，更会对企业的名誉造成损害。

那么，结果的期限是由谁来定的呢？由市场和客户来定。市场和客户需要企业现在就拿出结果，那么企业就必须要今天给出结果，否则就会丧失主动权以及市场占有率。

（2）有价值（客户需要的价值）

结果必须是有价值的，客户所需要的价值就是结果的价值。如果结果的价值和客户需要的价值相左，那么就不是真正的结果。企业必须能够做到，客户需要什么价值，结果就能够具有什么价值。这才是结果真正的属性，结果的价值等同于客户的需要。

因此，结果需要客户的认定，客户愿意花钱购买企业的结果，那么这个结果才会具有价值。反之，就不是真正的结果。

（3）可考核（看得见，摸得到）

结果要如何考核？答案还是市场和客户，只有满足了市场和客户的需求，并且为企业创造了最大化的价值，这样的结果才算是通过了考核。结果是看得见摸得到的，结果最终的用途就是交换。与市场交换占有率，与客户交换价值。

因此，当结果通过了市场和客户的考核之后，才能够成为优秀的有效的结果，而考核的标准就是结果是否具有可交换的价值。

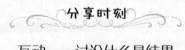

分享时刻

互动——讨论什么是结果

要求：

①每一个人都要发言，尽量用一个实体案例说明你对结果的认识。

②谈一谈结果和客户、市场之间的关系。

③说一说你对结果的看法，以及经验教训。

④分析结果，你认为什么是结果？

2. 什么是任务

广义上来说，任务就是交派的工作，担负的责任。在企业中，上级给下级分派的工作，就是我们说的任务。在实际的工作中，我们在做任务的时候，需要对程序、形式和苦劳负责任，但是唯独不用对结果负责任。

从企业运营的角度看，任务包括三个内容：

（1）完成差事（领导要办的都办了）

企业领导交付给我们任务之后，我们只需要完成差事就可以了，也就是按照领导的指示，一项一项把该办的事情都办了。完成差事不需要我们给出结果，我们只要做了就可以了。在做任务的时候，我们只需要听领导的话，办理领导让办的事情。

因此，任务只是在走一个过程，我们已经按照领导说的办了，不需要考虑任何的价值，或者市场和客户。

（2）例行公事（该走的程序都走了）

我们在做任务的时候，也是在例行公事，把一切该走的程序都走了，就算没有任务结果，我们也算是完成任务了。领导交派一项任务之后，我们只需要按照相关的程序走一遍，至于其中遇到的问题，能回避就回避，不需要想方设法地解决问题。

因此，任务只是走一个程序，该做的我们已经都做了。

（3）应付了事（差不多就行了）

领导给了我们很多的任务，办得差不多就行了，反正我们已经尽了最大的努力，应付应付就过去了。执行任务的时候，我们不需要考虑太多的市场需求，或者客户价值，只要按部就班地执行任务就可以了。如果做了应该做的事情之后，还是没有结果，那么就应付了事吧！

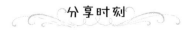

讨论：什么是任务

你对任务是怎么看待的？

在你的企业中，下属都是如何对待任务的？

你认为任务和结果有什么本质的区别吗？

对于企业来说，任务和结果哪一个更主要？为什么？

对于企业来说，结果就是价值；对于员工来说，工作就是任务。当我们把结果作为工作导向的时候，工作就会变得非常的有成就感。但是如果我们把工作当成了任务，那么工作就会变得越来越枯燥和乏味。因此，任务和结果，你需要如何选择，都在你自己的一念之间。作为企业运营机制来说，当然是喜欢更多的员工可以给出结果，而不希望员工只是在做任务。

因为，企业需要的是结果，而不仅仅是完成任务。

做任务还是做结果

做任务还是做结果，这是一道不难的选择题，却需要我们每一个人用心选择。我们要清楚地知道，只有做结果才能够改变企业和个人的命运。对于企业来说，做结果是生命线，因为企业是依靠结果而生存的，而不是依靠任务，没有结果就不会有企业的发展和未来。在市场经济中，企业能够生存下去才是硬道理，只有结果才能够让企业生存。

其实道理非常简单，客户需要的价值是结果，而不是任务。企业与市场进行交换的是结果，而不是任务。员工和企业交换的是结果，而不是任务。如果企业需要在市场中不断强大，需要吸引客户的注意力和忠诚度，那么企业就必须用结果说话。如果员工想要在企业中有所发展，为自己构建升职加薪的台阶，那么员工就必须用结果来交换。

九段秘书——结果是超值的

公司里会有许多秘书，每一个秘书的工作和薪水都是不一样的。有些秘书每个月只有几百元的工资，他们是可以替代的基层文员秘书；有些秘书月薪上万元，不仅可以在工作中独当一面，而且还可以参加公司的高层决策会议，他们是不可替代的高级秘书。

为什么同样是秘书，却有如此大的差别呢？这就是做任务和做结果的根本区别。

表11　　　　　　　　　　　九段秘书之比较

秘书等级	九段秘书	八段秘书	七段秘书	六段秘书	五段秘书	四段秘书	三段秘书	二段秘书	一段秘书
薪水	月薪8000元	月薪5000元	月薪4000元	月薪3000元	月薪2000元	月薪1500元	月薪1200元	月薪1000元	月薪800元
工作表现	发通知	发通知	发通知	发通知	发通知	发通知	发通知	发通知	发通知
	做确认	做确认	做确认	做确认	做确认	做确认	做确认	做确认	
	给材料	给材料	给材料	给材料	给材料	给材料	给材料		
	看会场	看会场	看会场	看会场	看会场	看会场			
	要提醒	要提醒	要提醒	要提醒	要提醒				
	做汇报	做汇报	做汇报	做汇报					
	写记录	写记录	写记录						
	去监督	去监督							
	作流程								

表11告诉我们，做结果还是做任务，在企业中直接关系到我们的身份，以及我们未来的发展状况。现在我们应该明白了，为什么有些员工辞职，领导会毫不犹豫地批准，而有些员工辞职，不仅会得到领导的全力挽留，甚至会放心地交给他更重要的职位。

任何一家企业都会希望做结果的员工留下来，没有任何领导会喜欢做任务的员工。做结果不仅可以在企业中提高员工自身的价值，也能够为企业和客户提供最大化的价值。简单来说，做结果就是做价值，我们做出了价值，在领导眼中我们才会有价值。

在企业的运营机制当中，做结果和做任务的根本区别是什么呢？

1. 结果指向是客户价值，而任务只是一个程序

企业的结果可以让更多的客户关注企业产品，当企业在客户口中有了一定的知名度之后，客户的好口碑胜过千万个广告。那么，客户为什么把好口碑给企业呢？就是因为企业给了客户所需要的价值，这个价值就是结果。

而任务与客户价值不相关，任务只是一个程序，该走的程序都走完了，任务也就可以结束了。

因此，做结果可以保证客户价值的最大化，而做任务不能够保证任何价值，也没有任何价值。

2. 结果能够支持企业，而任务只是一个过程

毋庸置疑，企业是依靠结果而存在的，结果给予了企业未来发展无限的可能性。市场和客户只接受有结果的企业，没有结果，就没有企业的存在。在激烈的市场竞争中，企业凭什么能够占据一席之地？就是因为企业可以满足市场的需求，给出客户所需要的结果。

而任务不过是一个过程而已，领导说的我们都做了，那么任务就算完成了。

因此，做结果不仅支持企业的现状，还决定了企业的未来，而做任务决定不了任何与企业相关的事情。

3. 结果可以改变命运，而任务只是任务而已

市场、企业和客户都需要我们给出结果，我们自己更需要做出结果，因为只有结果能够改变我们的命运，让我们成为自己想要成为的人，过上自己理想中的生活。这一切从表面上看起来很复杂，但其实我们只需要做一件事情——做结果。

而任务只是任务而已，任务与我们的命运没有任何关系，也起不到任何的作用。

因此，做结果的同时就是我们在改变自己的命运，让自己的生活越来越好，而做任务只是我们每一天都在机械的劳动，没有任何意义的劳动。

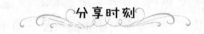

分享时刻

讨论——你选择做结果还是做任务

要求：

①说出你的真实想法，不要人云亦云，只要你说的有道理就行。

②你选择做结果还是做任务？为什么？

③用具体事例说明你的选择，不要说一些空洞的话。

做结果还是做任务？这是一道选择题，也不是一道选择题。我们现在需要做的，就是问一问自己，我们究竟想从工作中得到什么？我们是不是愿意在企业中实现自身的价值？我相信，答案会自然而然浮现在你的心里。任何企业都希望是有价值的，而员工与企业的关系就是价值的对等交换。我们给了企业什么样的价值，企业就会用相等的地位和物质作为交换。

执行力训练：任务 ≠ 结果

对于执行力而言，任务和结果之间是不等号，通俗地说，我们做了

不等于我们做好了。企业的执行力训练就是为了让我们知道任务和结果的区别：完成任务是对过程和程序负责，收获结果是对价值和目的负责，因此完成任务不等于拿到结果。实际上，任务和结果之间的根源问题就是，对任务负责，不对结果负责。在执行的过程中，会出现两种情况。

1. 不愿做结果

企业中有些员工执行力很强，但是因为各种原因，而不愿意做结果，宁愿每天做任务。这样的员工不明白，你不做结果企业也一样会得到结果，你不做结果是对自己的不负责。因此，对这些员工，企业应该采取一些较强硬的措施，迫使他们做结果。一旦做结果有了成就感之后，这些员工就会明白做结果是对自己负责这个道理了。

每天都挖坑，就是不出水

企业中有一些人每天都非常辛苦地工作，从不迟到早退，有时候还会加班。工作时间不比别人少，认真负责的程度也不比别人低，可就是看不到他们拿出结果，更看不到他们升职加薪。这些人就如同每一天都在挖坑，但是他们忘记了挖坑的目的是出水。

简单来说，挖坑是每一天的任务，出水是需要的结果。这些每天都挖坑，就是不出水的员工，实际上每一天做的都是无用功。他们似乎每天都和其他人一样忙碌，但是他们没有得到结果，实际上，他们就等于每天都没有工作。

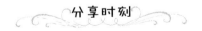

分享时刻

讨论——从这个案例中你得到了怎样的结论

阐述你的真实观点，说一说为什么有些人不愿意做结果？

你是不是只挖坑不出水的人？你的身边有这样的人吗？

如何才能够改进？使得这些人转变成既挖坑又出水的人？

在执行力训练的过程中，针对不愿意做结果的员工，企业应该多给予鼓励。如果员工能够在结果中获得更好的发展，他们自然而然就会明白，做结果是为了对企业负责任，更是为了对自己的发展负责任。执行力对于企业和员工都是很重要的，执行力强，能力就强，只有完美的执行力，才能够得到完美的结果。

2. 不会做结果

有些员工就是分不清楚什么是做任务，什么是做结果，他们把任务和结果等同或者混淆起来，这些员工不是不愿意做结果，而是不会做结果。因为这些员工无法分辨任务和结果的区别，错把做任务当成了做结果。不要认为你知道什么是任务，什么是结果，在日常的工作中，有许多工作的任务和结果都不是十分泾渭分明的。

怎样做才是真正的结果

发传真是我们日常工作中都会做的事情，实际上，发传真的整个过程中，怎样做是任务，怎样做是结果，我们很多人都会混淆。发传真的过程一般是这样的：拨通传真电话，把传真发给对方，然后告诉领导，传真已经发了。一般情况下，我们会认为这样就是做出结果了。

实际上，如果发传真的工作你只做到这里，那么你只是完成了任务而已，而没有做出结果。什么才是真正的做结果呢？

第一，发了传真之后，要立刻给对方打电话，问一下是否收到了传真。

第二，传真确认收到了，接下来确认你发的传真，对方是否都收到了。比如：你发了5页传真，对方是否收到了5页？这5页是否都清楚？

第三，对方是谁收到的传真？是接收传真的本人，还是其他人代收的？如果是其他人代收的，那么要什么时候才能够转交到本人的手里？

第四，以上内容都确认过之后，才能够向领导汇报"传真已经发了"。

简单地说，发传真是任务，而确认对方收到的传真是完整而清晰的，而且是本人收到的，这才是发传真的结果。

清楚知道你真正做的工作，什么才是真正的结果，那么就不会再有人混淆任务和结果了。知道了什么是结果，就已经找到了一半的方法，最终就会做出这样的结果。因此，对于不会做结果的人来说，清楚的结果定义是非常重要的。

企业面对执行难的问题，有针对性地进行执行力的训练。在执行力训练的过程中，首先要让员工明白任务≠结果，然后对不愿意做结果和不会做结果两种情况，分别采取不一样的训练方式。有些时候，不愿意做结果与不会做结果不会是泾渭分明的。

任何人在实际工作中都会出现这两种情况，当员工不愿意做结果的时候，企业就要让员工明白，做结果是对他们自己负责任。如果员工不会做结果，那么企业就应该告诉员工，怎样去清晰地定位结果，使得结果定义清楚，因为定义清楚的结果很容易做到。

综上所述，执行力训练的过程中，明白结果的实际意义，以及定义清晰的结果是非常重要的两件事情。企业员工只要明白了这两件事情，就能够真正懂得为什么任务≠结果，也就能够明白怎样做结果，怎样才能够做出结果了。如此一来，企业的执行力自然会更上一层楼。

职业化训练：契约精神

契约精神起源于古代希腊，近代西方的契约精神起源于罗马法中，作为一种商业精神存在于西方现代文明中。而中国的契约精神来源于自然的"天道"，用"天道"来管理社会中的"人道"，这就是中国社会最早的契约精神。中国古文化中的儒家文化强调守信，但是儒家文化中的"信"是

"守信"的意思，而不是西方文化中的"契约"。

契约的存在必须有两个或者两个以上的主体共存，否则就无法达成共同的约定。而中国古代儒家文化中的"诚信"，主体则完全可以是单一的个体。儒家文化中的"诚信"是一种道德品质，"守信"也完全依靠自律和良知，但是西方文化中的契约有更多诉诸外在制裁力量，违约者是要遭灾祸和惩罚的。

在中国现代企业中企业管理者应该知道，现代企业就需要现代的契约精神。现代所有者或者上级把公司或者部门托付给企业管理者来管理和经营，企业管理者的职责是资产保值增值，受委托就有了职业责任。因此，企业在进行职业化训练的时候，重点就要落在契约精神上。具体地说，职业化训练包括以下三个方面的内容。

1. 企业与员工之间的交换关系，构成了职业化

交换是商业最早形成的原因之一，而我们的职业就是在商业中产生的。因此作为职业化训练的一个重要部分，就是要让员工明白，员工是用结果来与企业做交换的，员工的价值是由结果决定的，企业给予员工的一切，都是根据员工的价值而来。这就是员工与企业之间的交换关系，也是职业化中非常关键的一环。

准确地说，企业与员工之间就是一种现代的契约关系，员工拿出自己的工作结果，企业付给员工相应的报酬。这种交换关系就构成了职业化，员工必须用职业化的技能，完成企业交付的工作，企业也必须兑现与员工的契约。职业化并不是一种约定俗成，而是一种职业契约。

2. 承诺是一种责任，信任才会有托付

我们承诺的事一定要办，办就办的让人满意，绝对不可以承诺了，但是不作为。对于我们做不到的事情，我们可以不同意不承诺，但是，一旦承诺并决定了，即使有不同的意见，我们也要在保留意见的同时，把工作执行到底。

准确地说，契约精神就是你承诺了，于是你就有了责任。在契约中，

双方是彼此信任的，因此才会把重要的工作托付给你完成。双方既然签订了契约，就必须要按照契约条款工作。换句话说，你承诺了就要负责到底，不能够辜负对方的信任。

3. 任何履约行为都是契约精神

企业在进行职业化训练的时候，应该明确一点，任何履约行为都是契约精神。包括企业雇用了员工，员工按照企业的要求工作，并且把自己的工作成果交给企业。而企业也会把约定的报酬以及承诺给员工的一切兑现给员工。

准确地说，企业和员工之间就是契约关系，双方都必须要具备契约精神。在企业履行契约的同时，员工也必须准确无误地履行契约。只有企业和员工双方面都具备了契约精神，契约才具有真实可靠的实际意义。实际上，员工的契约精神就是把每一项工作都做出结果。

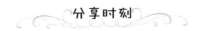

分享时刻

互动——借鉴相互的经验，分享彼此的成就

实践课：《我理解的契约精神》

要求：

①每一个人都要发言，简明扼要的阐述自己的观点；

②关于契约精神，你曾经经历过什么？什么事情使得你对契约精神有了深刻的理解？

③说一说契约精神对于企业的重要性。在你的企业中，你是如何训练员工的契约精神的？

④当你的员工质疑企业的契约精神时，你是怎么做的？为什么要这样做？

讨论：中国现代企业中的契约精神到底是什么？重要还是不重要？

要求：

①直接说出观点，最好有实际案例为证，不需要泛泛而谈。

②你认为契约精神是什么？具体在实际工作中又是怎样的？

③讨论不是争辩，需要有一个或者几个非常明确的结论。

④所有参与讨论的人，都要真诚的发言，分享彼此的成就，交换彼此的经验。

企业中的契约精神就是要在遵守企业各种规章制度的同时，把每一项的工作都做出结果。对于企业来说，契约精神就是要履行对员工的承诺，而对于员工来说，契约精神就是要履行与企业之间的劳动合同。契约精神的实质就是承诺和责任，答应下来的工作，就要获得最好的结果。在企业或者员工没有十足把握的情况下，可以不签订契约，也就是先不要承诺。

任何企业都需要职业化训练，而要达到的效果就是让契约精神深入到每一个企业员工的内心里。现代企业不再需要所谓的道德约束，而是需要真正的契约精神。我们必须从传统意义中的"守信"，彻底地走到现代企业不可缺少的职业化中，遵守并尊重契约精神，让企业员工处于一种契约环境下各司其职，不用督促也能够负责任地做出结果。

通俗地说，契约精神就是"拿人钱财，替人消灾"。既然企业付给了我们足够的报酬，我们就必须要为企业做出结果，这就是职业化，这就是责任。随着现代之窗的职业化进程越来越成熟，越是职业化的员工，在企业当中就越会有好的前程。而职业化最为具体的表现，就是契约精神。准确地说，做一个在职场中说话算数的人，你才能够进行自我增值，并且在企业中谋得一份好的职位和前程。

综上所述，企业的职业化训练最重要的内容就是契约精神。让每一个企业员工都明白什么是契约精神？我们为什么要遵守契约精神？才是现代企业最为重要，也是非常有必要做的事情。

什么是结果管理

结果管理就是企业的每一项工作都是以结果为导向，在强调运营、经济的同时，把结果归纳总结的管理起来，以便以后能够在类似的工作中，找到非常清楚的结果定义。结果管理对于企业就是一种能够节省人力物力的有效方法。简单来说，把所有的结果都管理起来，就等于把每一项工作的结果都确定下来。那么在实际的工作中，我们就再也不会出现工作中不知道什么才是结果的情况了。

结果管理十分清楚的把每一项工作的结果定义摆在我们眼前，使得我们在刚开始工作的时候，就已经知道工作的结果是什么。如此一来，我们就可以按图索骥，不仅能够大量的节省员工的工作时间，而且也可以为企业降低成本增长利润。

工程款为什么迟迟不能够结算

每当项目结束后，施工队都会找上门来要钱，总经理觉得很烦恼，于是他向预算中心要项目决算报表。预算中心主任也很委屈，他说："项目部不提供凭证，拿什么来决算？"项目部门也有理由，项目经理说："采购没有结算，机械没有结算，而且许多钱都没有凭证，预算中心的要求，我们达不到。还有工程变更了，可是甲方不给签字，我们也不能够逼他们，这样凭证不齐全，拿什么给预算中心？"

简单来说，从项目部门到预算部门，再到总经理，他们都没有把工作做出结果来，对工作的结果表现得糊里糊涂。问题全都摆在一起，导致工程款迟迟不能够结算。解决问题的方法可以遵循以下几个步骤：

第一步，过程控制，上一道工序没有结果确认，就不能够继续下一道工序，必须由负责人签字确认。对甲方、分包方都讲清道理，这是规范管理的需要，也是为大家好算账。

第二步，质询会上结果定义，各相关部门质询，预算中心不要等到最后要凭证，过程中就要跟进。

第三步，COO负责检查过程结果，承诺了结果又凭证不齐的，进入绩效考核，或者立即奖罚。

第四步，遇到对方长期不签字的案例，要开改进会专门讨论解决。

第五步，项目管理部要总结经验，把结算凭证获得的方法记录在案，作为《工程结算案例与方法》，每个项目结束必须补充。

上述案例中，正是缺少了对结果的管理，才最终导致了工程款无法结算。结果管理就是要把工作中的每一个步骤的结果都定义清楚，使得参与工作的员工都知道，他们的工作最终做到什么程度才算是做出了结果。如果每一项工作中的每一步都有非常清楚的结果管理，那么工作就不会再出现任何的障碍，以及推来推去无法完成的工作。

企业在进行结果管理的时候，要注意以下几点要求：

1. 鼓励员工围绕企业的战略进行自我承诺

企业员工自身的管理是非常重要的，企业管理者就算有三头六臂，也不可能把每一个员工都管理好。最好的方法就是要员工自己管理自己，并且是把企业战略作为前提，进行自我承诺。如此一来，对于结果的管理就会做到有的放矢的，毕竟员工才是最后做出结果的那个人。

2. 责任就是要一对一的，不要一对多的

结果管理中的非常关键的因素就是责任，责任需要一对一，而不要一对多。简单来说，在一项工作中，一个员工做的工作，只需要对一个上级负责。如果一个员工要对多个上级负责，那么最终的结果就会是对哪一个上级都无法负责。因此，责任要专一。

3. 任何结果都要白纸黑字写清楚

工作中，我们应该养成每一天都写备忘录的习惯，把每一天的具体工作都记录在案，也把每一天的结果记录在案。养成了这种白纸黑字的习惯

之后，我们对于结果管理就会有全新的体验和认识，实际上，结果管理是非常简单的。

4. 请第三方检查人介入到结果中

结果管理一定要请第三方检查人介入，如果只是部门内部自己坚持自己，有些问题是无法发现的，有些结果更是无法看清楚的。因此第三方检查人的介入，不仅可以让参与工作的员工明白自身在工作中需要做哪些改进，而且能够使工作结果更加清楚明白。

因此，结果管理是企业一项非常重要的管理项目，结果管理在把工作结果有序的管理起来的同时，也为企业输入了大量的信息，使得企业能够更快的实现战略目标。

结果定义哪里来

结果定义哪里来？一是来自岗位职责。我们要经常梳理岗位职责，把"责任在我，指标在我的理念"牢牢记在心里。在企业中，责任决定结果，没有责任就不会有任何的结果。我们要把岗位职责分开，对每一个不同的职责进行不同的训练，因为不明确职责就无法进行结果定义。

二是来自计划分解。对于每一个职业化的员工而言，工作计划就是其日常工作的指南，更是其工作结果的向导。我们的工作计划就是要聚焦企业的重点工作，聚焦工作的重点就是聚焦工作结果，更是聚焦企业的战略目标。

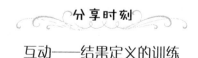

分享时刻

互动——结果定义的训练

纠正以下错误的结果定义：

①客户已经拜访过了。

②客户已经收到货了。

③统计报表已经报给财务部了。

④我已经向客户催过款了。

⑤项目进展得很顺利。

⑥战略规划已经完成第二稿了。

⑦员工培训做完了，大家挺满意的。

⑧已经派车去接客户了。

⑨3 号原料已经采购回来了。

准确地说，结果定义是从职责和计划两个部分中得来的，职责是一个筐，结果就要往职责的筐里装。计划是一个篓，结果原本就在计划的篓子里。对于企业运营来说，再多的理论都比不上一次实战，因此我们以下要进行实战训练：销售部经理和生产部经理的岗位结果定义训练。

表 12　　　　　　　　　　销售部经理"结果库"

项目	职责	KPI	KPI 公式	标准绩效	绩效目标	结果定义（职责具体履行）
1	销售计划	销售额	完成额/计划额	100%	100 万/100 万	完成 100 万元，见财务报表
2	新客户开发	新增客户量	完成数/计划数	90%	9 家/10 家	（1）拜访 10 家客户，确定 3 家下月购买意向，见客户拜访登记表；（2）正式签约 2 家。订金各 20 万元到账，见财务报表，合同送财务备案
3	老客户销售	老客户重复购买率	完成数/计划数	90%	18 家/19 家	（1）拜访 10 家客户，确定 3 家下月购买意向，见客户拜访登记表；（2）正式签约 2 家。订金各 20 万元到账，见财务报表，合同送财务备案

续　表

项目	职责	KPI	KPI 公式	标准绩效	绩效目标	结果定义（职责具体履行）
4	开店成活	开店成活率	成活数/开店数	80%	4家/5家	（1）开店可行性报告，财务、市场会签之后，报总经理一次审批通过； （2）西街租房合同一份，之前交财务、行政办审核，报总经理审批之后签订，财务、行政备案； （3）培训西街店新员工30人，内容是服务心态，人力资源抽查，考核合格率95%； （4）开店筹备方案，行政办、财务部、市场部会签之后，报总经理通过； （5）完成开店庆典，重大失误率为零，总经理满意； （6）东街店试运营3个月，销售累计100万元，达到开店成活率要求
5	客户关系维护	客户满意率	1－投诉数/服务的客户数	100%	10家/10家	（1）发送100家大客户过节礼品，覆盖率100%，副总抽查30%证明； （2）拜访10家老客户，征求意见至少10条，并反馈给生产部，报总经理； （3）处理上个月王家店退货投诉，客户满意，见投诉处理单签字

表13　　　　　生产部经理的"结果库"

项目	职责	KPI	KPI 公式	标准绩效	绩效目标	结果定义
1	产量	计划完成率	完成额/计划额	100%	100T/100T	完成产量100T
2	质量	合格率	完成数/计划数	99%	99T/100T	合格率99%

项目	职责	KPI	KPI 公式	标准绩效	绩效目标	结果定义
3	成本	成本控制率	计划成本/实际成本	100%	5 万/5 万	控制每吨成本在 5 万之内
4	设备	作业率	实际作业时间/规定作业时间	100%	24 小时/24 小时	(1) 三号线大修，完成全部齿轮更换，班组长检收通过； (2) 锅炉压力达标，质检员验收通过； (3) 提交新设备购买申请报总经理批准； (4) 安装四号线，试车成功，样品合格率100%
5	团队建设	招聘上岗率	实际合格上岗数/计划招聘人数	90%	9 人/10 人	招聘 5 名车工，试岗考核合格率 100%，人力资源检查通过
		员工胜任率	胜任员工人数/下属员工总人数	80%	8 人/10 人	老员工电工一人，水暖工一人，调和维修工一人达标，生产部门胜任率达到 75%
		培训通过率	考核合格人数/下属员工总人数	100%	10 人/10 人	全体班组长"安全管理培训"半天，考核合格率 100%，人力资源审核通过
6	制度建设	淘汰率	实际淘汰人数/计划淘汰人数	100%	1 人/1 人	淘汰 2 人，一名操作工，一名电工，能力不行，品德不好，见人力资源部公告
		制度通过率	通过制度数/计划制度数	100%	2 个制度/2 个制度	起草《设备例行检查制度》和《操作工考核晋级制度》，行政办审核通过，报总经理批准

续 表

项目	职责	KPI	KPI 公式	标准绩效	绩效目标	结果定义
6	制度建设	制度执行率	违规受罚人数/下属员工总人数	90%	9次/10次	（1）召开班组长会，落实防止违纪责任制，员工扣一分，班扣两分，见公告栏； （2）上次受罚人员检讨书上公告栏； （3）安排厂长助理，每天至少提出 10 条容易出现违纪的现象并纠正； （4）公司全月检查执行率90% 以上

根据表12、表13，继续进行结果管理训练。

企业管理者：请你写出下周需要交代给下属的一个结果。

高层管理者：请你写出下周需要提交给上级的一个结果。

要求：有时间，有价值，可考核，责任一对一，有奖罚，明确第三方检查人。

结果定义是从工作任务的每一个步骤中获得的，每一项工作的最终结果，都是由许多不同的小结果组成的。我们如果不能够很好地完成每一步的工作，也就无法获得最终的结果。因此，结果定义不是一个简单的概念，而是需要我们踏实地做好工作中的每一个细节，完成每一个工作节点，才能够在工作任务完成的时候，获得最好的结果。

第九章　I2：方法明确

5I 运营管理机制——I2 方法明确。俗语说："方法永远都会比问题多一个。"在我们的实际工作中，方法明确是可以直接达到结果的唯一途径。有些人认为，中小型企业是不需要方法管理的，这样的想法是非常错误的，无论是大中小企业都是十分需要方法管理的。

那么方法从哪里来呢？什么才是真正好的方法呢？其实答案也是需要我们在运营的过程中，不断地发现、不断地完善的。得到正确的方法，我们就能够更快地做出结果，因此，在工作中，方法明确才是硬道理。

什么是方法管理

方法管理就是为了获得工作结果，而运用有效的途径、步骤、手段获得的措施和方案。方法管理的重要性就在于它是我们能够获得结果的唯一正确的途径。企业之所以要进行方法管理，就是因为企业可以把好的方法管理起来，当员工再一次遇到类似的工作的时候，不用再从头寻找方法，员工可以用企业现成的有效方法来获得工作结果。

方法管理从企业战略角度上说，就是对一整套运营机制的管理。虽然方法管理只是其中的一部分，却起到了承上启下的作用。因此，方法管理在企业中就是对制度的管理，也是整个 5I 运营管理机制中最关键的环节。

如果没有方法管理，企业就会陷入公说公有理，婆说婆有理的窘境，会对整个运营管理机制产生负面的效应。企业就是要把每一个有效的方法都管理起来，并且运用这些方法来管理企业中的一切事物。

1. 方法管理针对的是企业所有的流程

企业中所有的流程都需要运用方法管理，在进一步优化流程的同时，也使得在岗员工能够更加快速地进入工作状态，掌握本职岗位的最佳工作方法。如此一来，对于企业和员工来说，都能够用最短的时间获得最多的工作结果。

2. 方法管理需要不断更新和总结

企业要想获得更好更多的工作结果，就必须要懂得如何改进方法管理。每一次总结和更新方法管理的过程，对于企业的每一个部门，以及每一个员工都是一次学习和进步的机会。因此，方法管理不只是一种管理机制，更是企业员工自我更新的机制。

3. 方法管理机制保证了战略目标的实现

只有方法得当才能够更好地完成工作任务，对于提高企业整体的执行力，以及完成企业的战略目标，方法管理都是必不可少的。如果把方法管理仅仅作为一种形式，好的工作方法无法推广使用，而每一个员工都在用自己的方法工作，那么企业就会陷入混乱当中。

企业对于方法的管理应该形成一种体制，如此一来，每一次我们使用的有效方法，就会被延续到下一次继续使用，而不必再去重新整理新的方法。无论在5I运营管理机制的任何一个环节中，方法管理都是无处不在的，也是十分重要的一个步骤。如果企业不能够对方法进行有效的管理，那么员工努力工作，辛苦找到的有效方法就会失去现实的意义。

由此可见，方法管理对企业的运营管理机制十分重要，也能够在每一步当中，起到十分关键的作用。虽然我们已经知道了结果，但是我们还没有找到实现结果的途径，因为我们还没有完整的方法管理体系。只要有了方法管理体系，我们就能够面对任何工作，并且获得最好的工作结果。

作为战略性的企业，在做每一项工作的时候，都会有非常清楚的结果导向。企业员工在实现战略目标的过程中，会在方法管理中获得更多的帮助，找到许多有效的措施和方案，指导自身直接获得结果。因此，方法管理可以为企业降低成本、增长利润，也可以为员工开拓思路和眼界，以及为不断地创新提供丰富的资料和方法。

方法从哪里来

任何方法都不会是凭空而来的，那么对于企业来说，方法究竟从哪里来呢？其实答案非常简单，方法就来源于企业内部，就来源于企业员工自身的智慧，以及多年的岗位经验。企业运营管理机制决定了每一个岗位的职责，工作在本职岗位上的企业员工，每一个人都是有效方法的来源。因为只有真正工作在第一线的员工，才能够获得真实有效的工作措施和方案。

作为企业来说，不仅要相信自己的员工会找到好的方法，而且也要用奖惩机制来鼓励员工的工作积极性。如果企业无法及时奖励员工的方法创新，那么就会使员工的创新积极性受到很大的打击，最终导致员工对企业、对工作岗位丧失信心，不再孜孜以求地寻找好的工作方法了。

在实际的工作中，有效的工作措施和方案就是来自于普普通通的日常工作中，方法的来源主要有以下 5 种：

1. 方法从制度和规矩中得来

任何方法都要遵守企业的制度和规矩，而真正有效的方法也是从制度和规矩当中得来的。企业的制度和规矩是经过多年多人的经验总结而来的，因此对于企业是非常合适的，也是很符合企业现状的。企业员工要想用有效的方法工作，就不能够脱离企业的实际情况。因此，方法必须是针对企业现状的，创新也不能够不考虑实际情况。

2. 方法从虚心的请教中得来

任何人都不可能是全能的，再有经验的企业员工也有不懂或者不会的事情。这个时候，就需要企业员工能够虚心请教，而有效的方法就是从虚心的请教过程中一点一点产生的。无论我们在企业中处于何种工作岗位，都不能忘记虚心请教。即使你现在请教的对象是你的下属，也不要觉得不好意思，因为下属是在工作第一线，接触的实际工作比你要多得多。

3. 方法从团队的讨论中得来

我们都应该明白一个道理：团队的智慧是无限的。一个人的智慧再多也无法胜任所有的工作，俗语说："三个臭皮匠赛过诸葛亮。"更何况，我们谁都不是诸葛亮。而有效的方法正是在团队的讨论中得到的。集中了团队每一个成员的智慧的方法才能够更加有效而实用。准确地说，团队的讨论是一种"头脑风暴"，在彼此用智慧的撞击中，产生更多更好的方法。

4. 方法从书本的学习中得来

俗语说："活到老学到老。"书本是我们最好的老师和朋友，有任何疑难的问题，我们都能够在书本中找到答案。因此，方法也是从书本的学习中得到的。书本上的知识是经过很多人的实践而得来的，我们学习书本上的知识，就等于不花钱的在上大学。我们要想获得有效的方法，看书读报是一条非常有效而便捷的途径。我们应该经常阅读一些与本职工作相关的书籍，特别是那些介绍国内国际先机的技术和技能的书籍。

5. 方法从自己的实践中得来

再多的书本知识都不能够替代工作实践，实践才是检验真理的唯一标准。因此，方法必须是从自己的工作实践中得来的。无论是谁的方法，都要符合自身的要求和标准，才能够拿来为己所用。而通过自己实践得到的方法，才是最完整最可靠的方法。通常情况下，实践出真知，实践才能够产生真正的好方法。

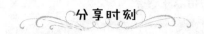

分享时刻

训练——写一篇《方法从哪里来》的小论文

要求：

①根据你的实际情况，写出你的工作方法都是从何而来的？

②结合以上5个方面，每一个方面都要写出一个案例说明。

③论点、论据、论证都要齐备，不能够说一些空话和套话。

④字数不得少于800字，每一个人都要做好发言的准备。

讨论：谁的论文写得最好？你为什么支持这一篇论文？

要求：

①虚心听取其他人对自己论文的意见和建议。

②认真地说出自己对其他人论文的意见和建议。

③你认为谁的论文最好，说出具体的原因。

④关于《方法从哪里来》这一篇论文，你还有什么想要说的话？

　　有效方法从哪里来？就是从我们工作中的每一个细节中来。我们通过制度和规矩、虚心的请教、团队的智慧、不断的学习以及自身的工作实践，得到一个又一个的有效方法。准确地说，我们自身才是方法最好的来源，也是方法最好的创作者和实践者。

　　每一个人的工作都不会是一帆风顺的，其中一定会有这样或者那样的难题。但是我们的智慧是无限的，困难再多我们都会找到方法来克服它，并且取得最终的工作结果。方法是针对结果而言的，最好的方法就是能够最快取得结果的措施和方案。

　　综上所述，我们在工作中的方法是从工作中而来的，如果我们脱离了本职岗位，就根本无法找到有效的方法。实际上，方法也是为工作服务的，我们之所以要找到有效方法，正是为了更好地完成工作，获得最终的结果。结合实际工作，用最简单最直接的措施和方案做结果，这才是我们必须经历的工作过程，也是我们对工作和企业应该承担的责任。

什么是好方法

方法有许多种，只有好方法才是我们所需要的，也是企业所需要的。那么，什么样的方法才能够称得上是好方法呢？答案非常简单，好方法就是有效的途径、步骤、手段。凡是可以用最短的时间，最直接的方式得到工作结果的措施和方案，都是企业需要的好方法。

方法的本质是要解决问题，因此有效的能够解决问题的途径、步骤、手段都是好方法。在实际工作中，我们有些时候会走进死胡同，不知道应该怎么继续完成工作，明明结果就在前面，可是我们就是拿不到结果。在这个时候，好方法能够帮助我们拿到结果，走出死胡同，并且可以让我们的眼界和思维得到一次前所未有的拓展和冲击。

在实际工作中，我们要怎样去衡量好方法呢？

1. 解决问题

我们需要好方法，就是因为好方法能够帮助我们解决问题，所以，解决问题是好方法的第一个衡量标准。有些方法看上去很好，有很完整的实施方案，也能够达到一定的效果。但是这些方法无法从根本上解决问题，很容易把我们带入歧途。在实际工作中，我们每一天都要面对各种各样的问题，只有好的措施和方案，才能够使我们解决各种问题，顺利持续地获得结果。

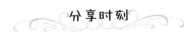

分享时刻

训练——找对方法解决问题

假设我们的工作遇到了问题，这些问题可以根据你的实际工作自我设定一下，也可以是以前你在工作中遇到的实际问题。

说一说你是怎么找到方法解决问题的？解决问题的关键在哪里？为什么好方法可以解决问题呢？

你认为解决问题需要注意哪些方面？

2. 简单易行

好方法的第二个衡量标准就是简单易行。有些方法是可以解决问题的，但是过程过于烦琐和复杂，不仅要调动大量的人力物力，而且还要寻求其他相关部门的帮助，有一些工作已经超出了我们的能力范围。这样的方法就算是可以解决问题，也不是好方法。好方法是用最少的资源解决最多的问题，用最简单的措施和方案解决最多的难题。

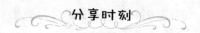

分享时刻

训练——找到最简单易行的方法

在你的工作中，你认为遇到最难以解决的问题是什么？你是怎么解决的？你觉得自己的方法是最简单易行的吗？

你是如何理解好方法需要简单易行的？

你遇到问题的时候，会不会想出许多办法，最终选择最简单易行的那一个呢？

3. 成本较低

好方法的第三个衡量标准是成本较低。如果方法可以解决问题，而且还很简单易行，但是成本很高，超出了工作预算，那么这样的方法也不是好方法。好方法不仅不能够超出工作预算，而且还要为企业降低成本，节约资源和人力。准确地说，好方法都是非常节能的，不仅可以使我们用最少的资源做最多的工作，也要在我们可以支配的范围当中，完成工作获得结果。

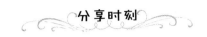

分享时刻

训练——如何才能够降低成本

实际工作中，仅仅凭借我们个人的能力是无法解决任何问题的，换句话说，凡是方法都是需要花钱的。当我们遇到问题的时候，如何才能够降低解决问题的成本？怎样做才能够用最少的资源，最少的钱，解决最多的问题，做最多的工作？

每一个人都要发言，大家一起讨论，用集体的智慧解决这个问题。

我们已经知道了什么是好方法，简言之就是，好方法就是有效地解决问题的途径、步骤、手段。而好方法的衡量标准就是，用最低的成本、最简单的步骤、最有效的手段，解决最多的问题。总而言之，好方法就是能够利用所有现有的人力和物力，有效地让工作更加顺利地进行，并且直接能够拿到预期的结果。

在实际工作中，我们需要用好方法工作，不仅可以锻炼我们的工作能力，也能够为企业节约人力物力。任何企业都不会欢迎奢侈而浪费的人，最重要的是，在简单易行、降低成本的同时，还能够完美地解决问题，获得预期的结果，这才是企业所急需的人才。

在5I运营管理机制中，方法明确是一个承上启下的部分。准确地说，结果需要好方法来实现，而检查、奖罚、复制都是在好方法实施的过程中，需要运作的管理机制的环节。因为，方法明确之后我们才能够开展工作，如果没有好方法，就算我们再优秀，也无法获得工作中预期的结果。

简而言之，方法明确之后，5I运营管理机制才进入到实质性的运作阶段，开始工作中一个又一个的关键环节，直到实现最终的工作结果。

第十章　I3：过程检查

5I 运营管理机制中的第三个环节：过程检查。在任何工作中，无论多么完美的工作计划，都会出现一定的偏差和错误。过程检查就是要纠正这些偏差和错误，使得工作重新回到正确的轨道上来。过程检查运用的是检查管理机制，不仅要检查正在进行的工作，还要检查已经完成的工作。

在实际工作中，过程检查本身也是会出现一定问题的。针对这些问题，最好的解决方法就是——质询会。企业要建立起完善的周质询会机制，把工作的结果都管理起来。而且过程检查还有 5 级体系，以及七大要领来保证检查过程的透明度，以及能够及时地检查出问题，及时地解决工作中的偏差和错误。

因此，过程检查是获得工作结果必不可少的运营环节，也是我们的工作能够顺利进行的保障机制。

什么是检查管理

检查管理就是通过独立的第三方 COO 的公正检查，公开检查的过程和结果，并且确定检查的关键点，以及按照分解的结果，逐一监督检查的管理机制。企业的检查管理目的就是使正在运行，或者已经完成的工作始终处于企业的监督管理之中，而不会出现企业运营管理的真空地带，导致不必要的损失。这就是检查管理最重要的实际意义。

企业的检查管理是针对企业全部的工作项目，以及全体成员而言的，在检查管理机制中，没有特殊的人或者特殊的工作，可以不接受检查管理。对于检查管理机制来说，COO 制度是非常有效的，也是能够保证客观公正地运行检查管理机制的保障制度。因此，在运行 5I 运营管理机制的企业中，建立起完整的 COO 制度是非常有必要的。

作为战略为主的企业，在运营管理机制中，一定要建立起十分完善的检查管理机制。因为检查管理机制能够在企业运营的全过程中，起到无法替代的作用。

1. 就地解决矛盾，防止矛盾激化或者上交

检查管理能够及时地发现工作中的矛盾，在矛盾还处在萌芽状态的时候，就地及时解决矛盾，不仅可以防止矛盾被激化，而且也可以防止矛盾上交。在实际的工作中，一旦矛盾激化或者上交，就意味着整个工作都必须停止下来，直到矛盾解决为止。

如此一来，停止了工作，员工就会无事可做。如果先做别的工作，又不能丢下只做了一半的事情。如果要继续工作，矛盾没有解决，又无法继续下去，真是进退两难。检查管理的第一个重要作用就是要立刻解决矛盾，使得工作能够继续顺利地进行下去。

2. 及时纠正工作中的误差，防止出现不好的结果

工作就是要获得结果，但是结果也分好的结果和不好的结果。如果企业中没有检查管理机制，那么就无法及时纠正工作中的误差，得到的结果很有可能就是不好的。任何企业都是不需要不好的结果的。

反之，检查管理的第二个作用，就是能够及时纠正工作中的偏差和错误，最终使得企业可以得到预期的好结果。不仅保证人力物力不会被白白浪费，也能够保证企业在市场和客户中的地位和名誉。如此一来，企业每完成一项工作任务，就会更接近企业的战略目标。

3. 防止检查中的人情和以权谋私

检查管理基本上是由企业指定人员完成的，由于不是本部门，或者相关部门的人，因此就能够防止检查中的人情，或者以权谋私的现象发生。

165

任何一家企业中都会存在人情问题，或者以权谋私问题。检查管理机制的第三个作用就是要谢绝人情，彻底掐断以权谋私者的通道。

由于检查者和被检查者没有任何利害关系，双方都是独立而不相关的，一方面没有任何人情可言，另一方面也谈不上以权谋私。

4. 独立第三方检查，绝对杜绝相互推脱

检查管理基本上都是由企业认命的 COO 完成的，COO 是独立的第三方，直接对企业最高领导者负责任。独立第三方对于被检查的人或者部门，没有任何一点互相制约的关系，因此，能够绝对杜绝工作中的互相推脱与抱怨。

独立第三方有一定的权力，又是独立于被检查人或者部门的，所以可以十分有效地解决工作中相互扯皮、相互指责的问题。COO 可以让双方都坐下来，好好谈一谈。如果谈判未果，COO 也有权力让部门负责人立刻按照指令工作，不让工作停滞不前。

5. 只看事实与数据，不要任何主观臆断

企业如果没有建立完善的检查管理机制，有许多检查就会掺杂进一些个人的主观臆断。但检查管理机制是只看事实与数据，而拒绝任何主观臆断的。准确地说，只要是人就会有主观臆断，而检查管理是一个机制，所以机制是不会有主观臆断的。

在企业的检查管理机制中，最有发言权的不是企业管理者，也不是COO，更不是工作项目的负责人，而是事实与数据，也只有事实与数据能够表明工作的进展，以及工作的进程。因此，事实与数据才是检查管理中最具有权威的发言人。

什么是检查管理？简单地说，检查管理就是检查在实现结果的过程中，出现了哪些问题和偏差，然后及时地解决问题，纠正偏差，使得企业能够最终获得最好的结果。

在 5I 运营管理机制当中，检查管理可以起到监督和督促的作用，使得参与工作项目的全体成员都能够始终如一地各司其职。企业运营中也能够

及时地上情下达、下情上达，整个企业的信息沟通渠道顺畅，没有障碍。这就是检查管理的实际价值，也是企业需要检查管理最有力的证明。

过程检查存在的问题

毋庸置疑，任何一项工作都会存在着这样或者那样的问题，过程检查当中也存在着一些问题。我们查找出这些问题不是目的，目的是要更好地解决这些问题，以此来保证后续工作的顺利进行。过程检查中虽然存在着不可避免的问题，但是企业不能够以点概面，否定检查管理机制的必要性。有些企业管理者总是在发现问题之后，不想着要如何才能够解决问题，而是一心一意要否定检查管理机制。这样的企业管理者不了解检查管理机制，实际上，过程检查中所存在的问题，在某种角度上，也反射出企业自身所存在的问题。因此，企业管理者应该明白一个道理：解决好过程检查中存在的问题，就是解决了企业自身的一些棘手的问题。

那么，企业的过程检查中究竟会存在哪些问题呢？一般情况下，会存在以下六大问题：

1. 检查人对检查的标准不明确

由于检查人并没有具体参与到工作项目中，就会产生检查人对检查的标准不明确的问题。要想解决这个问题，首先就要明确工作项目的检查标准，其次就是让检查人深入到需要检查的工作项目中，最后通过一系列的了解和参与的工作程序，使得检查人明确需要检查项目的标准，之后再开始检查工作，就可以起到事半功倍的效果了。

2. 检查人不清楚过程节点

每一项工作任务都是分阶段完成的，一个工作阶段都会存在一个节点。如果检查人要介入到工作项目中进行检查，就必须在工作过程的节点上介入，否则就会影响工作的正常进程，也会为检查工作造成一定的影响。因此，如果检查人不清楚过程的节点，那么想要开始进行检查就变得无从下手。要想解决这个问题，检查人就需要跟踪一段时间要检查的工作项目，找到节点之后，再开始进行检查工作。

3. 检查人不知道什么样的人才需要重点检查

在需要检查的工作项目中，一定会有需要重点检查的人，这些人一般都会负责工作项目的重要环节。而检查人不知道重点检查谁，才是过程检查中的一个重要的问题。因为需要重点检查的人，都是与工作项目息息相关的人，保证这些人的正常工作，才能够保证工作项目的顺利进行。要想解决这个问题，企业就要提供给检查人一些工作项目的相关资料，以及各个负责人的相关资料，在检查人对工作项目有所了解之后，自然就会知道哪些人需要重点检查了。

4. 检查人根本不负责任

企业选择的检查人必须有强烈的责任心，能够对企业和检查的工作项目承担起一定的责任。而有些检查人根本就不负责，这是过程检查中非常棘手的一个问题。要想解决这个问题，需要从两方面入手：一方面，需要使用各种手段，让检查人认识到自身的责任重大，应该承担起相应的责任；另一方面，如果检查人实在无法承担责任，那么企业管理者需要考虑另外换一个检查人。

5. 没有监督检查人的机制

过程检查中如果没有监督检查人的机制，就会造成对检查人的监管不力，从而导致过程检查的彻底失败，甚至有可能造成企业不必要的经济损失。这是过程检查中存在的非常重大的一个问题。要想解决这个问题，首先需要建立起完善的监督检查人的机制，然后检查人必须自觉地接受监督。在整个检查过程中，一环扣住一环，每一个人都会置身于检查管理机制中，不能够出现特殊的人或者事情。

6. 没有第三方独立检查体系

第三方的独立检查体系对过程检查是非常重要的机制，因此企业如果没有及时建立起第三方独立检查体系，不仅会造成过程检查的全面失控，而且也会对正在检查的工作项目产生非常差的影响，甚至可能导致工作项目的停顿。要想解决这个问题，企业就要建立起完善的 COO 制度，保证第三方能够独立地对任何工作项目进行检查。

综上所述，企业过程检查存在以上六大类的问题，实际上也是企业本身存在的一些体制上的问题。如果企业管理者能够重视过程检查中存在的问题，并且及时加以弥补和纠正，那么对于企业自身的运营管理机制也是一种补充和完善。

当然，过程检查中的问题不是短时间内可以彻底解决的，企业需要一步一步完善过程检查体系。完整的过程检查体系建立之后，一切问题自然就会迎刃而解。这是一个非常漫长而复杂的过程，需要企业中的全体成员共同努力。在实际的工作中，出现问题是在所难免的，如何才能够及时地解决问题，纠正错误，才是我们最应该做的事情。

因此，面对过程检查中存在的问题，企业只要找到解决之道，并且认真负责地完善过程检查体系，就能够解决所有的问题。

检查有什么意义

有许多人不明白检查的意义，不仅是企业中有些员工不理解，而且有些企业管理者也是非常不理解的。那么就会有人问："检查究竟有什么意义呢？"在实际的工作中，检查的实际意义就是为了让企业最终获得工作中最好的结果。

过程检查可以确定每一个工作阶段的结果是否正确，当每一个分解的结果都达到的时候，最终获得预期的结果就变得相对容易。如果企业对工作项目不进行必要的检查，而是任由其自由地发展，那么很可能会造成结果的偏差，导致最终出现的结果不是企业需要的好结果。实际上，与其说企业需要好结果，不如说客户需要好结果。客户不会管企业内部遇到了怎样的问题，客户要的就是好结果，没有好结果，客户就不会再把自己的信任和忠诚交给企业。

企业的过程检查具有以下三点重要的意义：

1. 结果是检查出来的

在实际的工作中，过程检查是针对结果而言的，因为结果是检查出来的，所以企业对工作过程必须要检查。准确地说，只有过程检查能够保证工作进程始终在正确的轨道上，向着正确的方向前进。如果工作过程中有任何一点的偏差和错误，过程检查都会及时地发现，而且立刻纠正，使得偏差和错误消失得无影无踪，而且不影响工作项目的正常进行。

过程检查的第一个意义就是结果，因为结果是需要被检查出来的。对工作项目的时刻检查，就意味着工作项目始终处于企业的监督和监管之下，如此一来，工作过程就减少了出现偏差和错误的概率，那么结果的获得就变得更加容易和直接了。企业要想获得客户价值以及市场利润，就必须节约资源，不能够浪费一分一毫的人力和物力，只有过程检查，可以帮助企业减少工作项目的成本，更加直接简单地获得工作预期的好结果。

2. 过程无检查，最后无结果

有些企业错误地认为过程检查是额外的开销，如果不设立过程检查体系，将会节省很大一笔资金。这样的企业不明白一个道理：过程如果没有检查，那么最终也不会获得好的结果。因此，企业要想获得每一项工作的好结果，就必须设立完善的过程检查机制，如此一来，才能够对结果进行保障，也对企业的客户价值进行保障。

过程检查是一项长期而细致的工作，企业需要有专业的人才，并且有相应的制度，过程检查才能够真正地为企业带来利益。过程检查不是走过场，或者摆姿态，它是一项实实在在的工作。对于工作项目的每一个环节都要进行标准检查，俗话说："聚沙成塔。"要想工作项目有好的结果，就必须严格检查每一个步骤。这才是企业实现客户价值最大化的最好方法。

3. 检查是预防，不是处罚

企业中许多人对过程检查存在着偏见，认为过程检查不过就是鸡蛋里挑骨头，最终的目的就是要对员工个人进行处罚。这是对过程检查最大的误解，过程检查的目的是为了防患于未然，而不是要处罚某一个员工。

准确地说，过程检查就是为了在错误、偏差、矛盾还很弱小的时候，及时得到纠正和解决，不影响工作项目的任何进程。如果过程检查的目的是为了处罚，那么问题和矛盾越大，处罚就越师出有名。检查人也不会在发现一点点问题和矛盾的苗头的时候，就急着要把它们都解决掉。因此，过程检查就是为了预防问题和矛盾的发生，而绝对不是为了处罚。

作为5I运营管理机制模式中的I3——过程检查，在企业的实际运行中具有非常现实的意义。过程检查在保障每一个工作结果的同时，也能够及时地指出企业运营当中所存在的一些问题。实际上，过程检查出来的一些问题，都不是单一存在的，这些问题的存在都会牵扯出一些企业自身的问题。在解决这些问题之后，企业不仅能够获得更好更多的工作结果，而且也能够在运营管理机制中获得更大的发展空间。

综上所述，过程检查的意义是针对结果的，也是针对企业运营管理机制的。企业管理者和员工都应该明白过程检查的真实意义，不要对过程检查怀有一些偏见，以至一说到检查，就会有抵触情绪。在实际的工作中，过程检查也是企业员工验证自身优秀的一种方法。如果员工的工作通过了严格的过程检查机制，那么这个员工一定是优秀的，在企业中也是非常有发展前途的。所以，过程检查不仅是在帮助企业，也是在帮助员工发现更加优秀的自我，实现更大意义上的自我价值。

检查五级体系：检查是管理的核心

过程检查是企业运营管理机制的核心，也是企业一切管理工作的核心。完整的过程检查机制由5级体系组成，每一级体系都有完全独立的检查程序。企业必须建立起过程检查机制的5级体系，才能够保证过程检查在企业中充分发挥作用，并且完成过程检查在5I运营管理机制中的任务和使命。

过程检查机制的5级体系，涉及企业运营管理的方方面面，既是企业日常运营不可缺少的体系，也是企业全体成员自我增值和管理的重要机制。准确地说，5级检查体系包括企业日常运营的全部过程，在实际的工作中，发挥着管理核心的作用。

企业过程检查的5级体系包括：

1. 各个部门自查

过程检查最先开始的就是各个部门的自查，包括部门当中每一个员工的自查。自查都需要检查哪些内容呢？除了部门当中正在进行的各项工作任务之外，还包括部门中全部工作，比如：人力资源，部门财务，部门资源等。员工自查的结果要汇报给部门领导，部门领导要把整个部门的自查结果汇报给上一级的领导。

在整个部门自查的过程中，一定会遇到困难和问题，如果以部门的能力可以解决问题，克服困难，那么就要把解决之后的结果，以及解决的过程上报给上级领导。部门自查的目的不是把矛盾上交，而是用部门的能力解决自身存在的问题，以便今后部门能够有更好的发展。

2. 上级检查

上级接到部门自查结果之后，首先要检查部门已经完成的工作和解决的问题，如果正如部门所汇报的那样，那么部门自查的结果就可以生效了。其次，上级要检查部门没有完成，以及部门自身无法解决的问题。及时地给予部门帮助，使其能够继续顺利地完成工作任务，并且把部门建设好。

过程检查的5级体系中，上级检查不仅要检查部门最近的工作情况和工作成果，更多的是要为部门解决实际问题，使得每一个员工都能够没有后顾之忧地、更好地为企业工作。对于上级检查出来的一些新的问题，必须及时解决；对于超出能力范围的困难，上级应该汇报给自己的上级，以寻求帮助来解决更多的问题和困难。

3. 业务检查

业务对于企业来说至关重要，因为只有业务才能够给企业带来利润，才能够让企业拥有越来越多的客户，以及市场占有率。因此，对业务的检查不仅要认真严谨，而且还要及时发现业务当中存在的问题，预防业务中出现的错误，以此来确保企业的三层业务链中的每一个层面都能够顺利地发展。

业务检查需要对企业的三层业务链进行全面的检查，并且根据三层业务链的特点，对每一个层面的业务都进行严格的检查。在保证三层业务链完整的基础上，也要保证每一个层面的业务正常的发展。因此，业务检查必须要细致周到，让所有的问题和矛盾都消失在萌芽状态中，保证三层业务链能够健康而持续地发展业务。

4. COO 检查

COO 作为独立的第三方检查是很重要的检查环节，正因为 COO 的相对独立性，COO 的检查才更加的客观和理智，对企业才更具有参考价值。COO 与检查的各个方面都没有相关的利益，因为 COO 直接对企业的最高领导者负责任。而且 COO 的日常工作也不和企业中任何一个领导发生横向关系，这就保证了 COO 检查结果的公正、公平。

因此，作为过程检查体系的第四级，COO 检查是最为关键的一级。就像是一个足球队的守门员一样，是进球的最后一个关口。COO 要收好自己的关口，不能够放过检查过程中的一切问题。因为如果 COO 的检查不够彻底，那么企业的问题就会越来越多，越来越复杂，到了积重难返的时候，就完全没有办法挽回了。

5. 企业最高领导者检查

过程检查体系的最后一级就是企业最高领导者检查，一般情况下指的就是企业的总裁检查。实际上，企业总裁检查的就是 COO 最后汇报上来的情况。而 COO 汇报给总裁的情况，则是根据过程检查的 5 级体系，一级一级地汇总，并且加上了 COO 检查的结果，一齐汇报给企业总裁的。

企业总裁看到的检查报告上，基本上没有解决不了的问题，或者是无法克服的困难。如果真的有前4级都无法解决的问题，那么企业总裁也必须要及时出面解决，绝对不能因为你是总裁，就认为解决问题这些事情应该由下属员工去做。实际上，解决下属无法解决的问题，也是企业总裁日常工作中的一个非常重要的内容。

综上所述，企业的过程检查一定要建立完善的5级体系，严格按照程序一级一级的进行。如此一来，企业就不会再有拖着无法解决的问题，或者无法做完的工作了。

检查的七大要领

任何工作都是要掌握要领才能够顺利完成的，过程检查也有七大要领。我们在过程检查中，一定要遵守检查的七大要领，因为只有按照要领做，我们才能够真正检查出工作中的问题和矛盾，并且及时加以解决和克服。实际上，过程检查的重点就是能够及时地发现问题和错误。如果我们无法及时地发现问题和错误，就无法及时地解决，那么我们的检查就会失去根本意义。

那么，过程检查的七大要领是什么呢？

1. 检查的目的，就是不要出现不可挽回的不良结果

检查人首先要明确检查的目的，只有在目的明确的状态下，我们才能够进行优质的过程检查。过程检查的目的是为了挽回可能出现的不良后果，在这个前提下，我们的一切过程检查都是围绕着目的展开的。为了防止不良结果的产生，我们必须要知道好的结果是什么，我们要如何做才能够获得好的结果。

因此，检查的目的明确，就代表着检查的结果正确。

2. 检查重点结果：计划表上的重点结果

任何过程检查都是有重点和非重点的，我们的检查重点就是计划表上

的重点结果。对于重点结果的重点检查，我们要细致认真，不能够放过任何一点蛛丝马迹，发现有任何错误或者偏差，我们都不能够视而不见。对于重点结果，哪怕我们的检查有些草木皆兵，也是不为过的。

计划表上的重点结果，都是经过不断的讨论、验证等才最终确定下来的。因此，重点结果对于企业的意义绝对是有所不同的，正是因为重点结果的重要性，我们在过程检查中，才更要一丝不苟地进行重点检查，以求重点结果的万无一失。

3. 选择重点时间：提前量，关键时候

过程检查也要选对时间，不是任何时间都适合过程检查，而是要挑选最合适的时间，才能够事半功倍地进行检查工作。因此，我们要选择重点时间进行过程检查。什么才是重点时间呢？就是要准备出足够的提前量，以及在工作任务的关键时候进行检查。

不要随意在任何时间里进行过程检查，一方面，如果不是重点时间检查，我们可能会一无所获；另一方面，你的随意介入，很有可能会打乱原本的工作计划，使得工作进程受到阻碍或者影响。那么我们就不是在进行过程检查了，而是在给工作任务制造障碍了。

4. 检查重点的人：经常出错的人，新人，新情况

过程检查要懂得检查重点的人。什么人才是重点检查对象呢？首先是在工作中经常出错的人，在过程检查中，一定要特别关注这种经常出错的人，时刻提醒他们不要再出错，以及在他们还没有出错之前，适时地阻止他们犯错误。

需要重点检查的还有刚参加工作的新人，因为新人对企业和工作环境及性质都不了解，出现错误的概率就比其他人大，我们必须防止新人出差错。对于工作任务中的新情况，我们也要格外的关心，因为我们要确定，这种新情况是否会影响到工作任务的正常进展，以及会不会对最终的结果产生不良的影响。

5. 检查时做纠正：不处罚，只纠正

我们一定要牢记，过程检查的目的不是处罚而是纠正。当我们检查出问题的时候，就要立刻纠正，记住是纠正而不是处罚，我们要只纠正不处罚。这样做就是为了让犯错误的员工没有顾虑，也不会产生抵触的情绪，以便能够继续好好地工作。

6. 检查时做协调：发现资源利用不充分的，及时协调

过程检查是一项非常实际的工作，检查不是让我们走过场，或者走程序，而是让我们进行实际有效的工作，因此检查时要时刻做协调，发现资源利用不充分的情况，就必须及时做出协调，以便使企业的资源能够被充分地利用，不造成不必要的浪费。

因此，过程检查就是要让资源被充分地利用起来，我们要随时协调资源的运用。

7. 检查时做记录：留下案例，用于改进、培训和制度建设

我们在过程检查的时候，一定要养成记笔记的习惯。记笔记的目的是为了留下真实的案例，以便给改进、培训和制度建设留下可贵的资料，以及最有说服力的实际案例。把我们检查的全过程都记录下来，为企业也为我们自己留下最宝贵的第一手资料。

过程检查的7个要领，我们都需要在检查中逐一实践，只有实践之后，我们才能够真正地掌握要领，为今后的过程检查工作打下最坚实的基础。同时，把握过程检查的要领，也是为了能够在最短的时间里，发挥出过程检查的最大威力，并且完善过程检查的机制。

周质询会训练：用质询体系把结果管理起来

企业需要每一周都开一次质询会，把一周以来的结果都管理起来。在实际的工作中，周质询会的意义是非常重大的，它不仅总结了企业一周的工作、业务情况，而且也为下一周更好地开展工作和业务提供了非常宝贵

的意见，以及第一手的资料。

我们要严格按照周质询会的程序来开会，周质询会之前：我们需要提交周报、周计划，并且等待总裁及上级审查。周质询会期间：一般的周质询会都由COO主持，根据质询的结果，做出对各项工作任务的评价。周质询会之后：我们要改进措施，提高能力，承诺新结果。

1. 周质询会的原则

要想开好周质询会，企业人员必须要遵守以下关于质询会的原则：

①战略方向原则：周质询会要为企业全年或阶段性的战略方向把关，不能够有丝毫的偏差。

②企业家为主原则：周质询会需要以企业管理者或者企业家为主，对项目的具体负责人进行质询。

③相关质询原则：部门主管在质询中，对于与本部门无关的业务不负责任，不需要质询。部门主管的质询重点是与本部门相关的一切工作结果。

④改进原则：周质询会的目的是要改进和提高，对于不理想的结果，要按照流程进入改进会讨论。

⑤效率原则：周质询会上要的是结果，而不是思想宣讲和业务研讨。

⑥控制原则：周质询会上，COO要懂得控制现场，当议题扩大，或者有争论的时候，COO要及时纠正或者打断，并且开始新议题。

为了能够更好地学习运用周质询会，接下来，我们要进行一些关于周质询会的训练。

2. 模拟质询会：汇报人汇报的程序与运用的术语

（1）周报告里所用的术语

①我上周的结果有几项；

②没有完成的有几项；

③没有完成的原因、新措施、新承诺；

④我的重点结果完成情况；

⑤请总裁与各位质询；

⑥请问总裁，是否通过？

（2）周计划里的术语

①我下周的计划结果有几个；

②重点是什么；

③请总裁与 COO、各位同事质询；

④请问总裁，是否通过？

在总裁和 COO 的质询的过程中，质询的要点就是：多不多？少不少？对不对？

（1）对周计划的质询

①对于 KPI 权重是否合理？

②结果定义是否符合要求？

③要对具体的措施进行质询，要知道所使用的原则与方法，并且提供参考资料。

④质询重点工作结果。

⑤质询奖罚承诺是否兑现。

（2）对周报告的质询

①清楚原因，质询明白。

②明确知道事实和数据，不能够马虎从事。

③给出明确的结果，通过或者不通过。

④必须要进行即时奖罚，对于 KPI 得分最高的，要公开奖励。

⑤充分运用改进会制度，改进不好的计划与结果。

⑥对于现场无法解决的重大问题，请 COO 记录下来，并且要选定日期开专题会。

（3）对部门之间需要配合才能完成结果的

现场处理，各自承诺！鼓励部门经理以客户的名义向其他部门提出质询。

3. 周质询会常见问题

在周质询会上，还会出现一些其他的常见问题，如下：

①结果过于模糊，无法考核。

②没有明确的提交、公布、取回、确认等动词。

③对于下一周的工作计划，没有做出任何承诺。

④有许多的工作结果，但是只有一个工作流程。

⑤周计划中没有重点，无法明确下一周的工作重点。

⑥没有充分而合理的分解结果，日常工作可以不列入周计划。

这些问题都是周计划或者周报告中，经常会出现的一些问题。我们在写周计划或者周报告的时候，应该尽量避免以上问题的出现。另外，对于周质询会在实际工作中的运用，还有几点非常重要的应用提示：

①必须做结果导向与契约精神的培训与教育，为应用做思想铺垫；

②必须先做岗位职责与考核指标的界定，这是结果定义的前提；

③总裁与副总级领导，必须知道部门经理的岗位职责是什么？这是质询与发现问题的前提；

④结果定义必须训练三个月以上，做出职责下的结果库来，以解决员工文化程度低，或者不能够复制的问题，也为以后信息平台做好准备。

企业对于周质询会的训练，一定要因地制宜因人而异，在基本程序和作用不变的情况下，一些内容是可以增加或者减少的。企业用质询会的形式把结果管理起来，并且把结果不断地运用到实际的工作当中，这是一个非常好的良性循环，不仅企业可以从中受益，而且员工也能够从中找到适合自己的工作方式，以及今后员工自身在企业中的发展方向。

综上所述，对于周质询会体系的建立，企业要从上到下达成一个共识，那就是周质询会制度是必要的，也是过程检查当中不可缺少的一个重要部分。如果在每一周的质询会上，我们都能够获得一些新的信息和方法，那么我们就能够在未来一周的工作中，取得更多的好成绩，获得更多的好结果。

过程检查训练：要什么结果，就检查什么工作

在企业的实际工作中，对于过程检查来说，今天不需要的结果就留到明天检查，今天我们只检查我们需要的结果。因为，当我们在重复的检查同一项工作的时候，很可能会造成参与工作的员工重复性的劳动。但是，这样的重复性劳动并不能够解决任何问题。我们最终会发现，问题还是那个问题，一点都没有变动过。

为了避免过程检查中的一些问题，我们要进行过程检查的训练：要什么结果，就检查什么工作。

为什么总是有重复的劳动

酒店餐桌上的口布、垫布、桌布，按照要求，有洞的，或者有褶的，都是不合格，不能够使用，但是，每次在检查不及时的时候，我们就会发现，这些不合格的口布、垫布、桌布却都还在用。当我们就这个问题而批评员工的时候，其实我们是不是可以用过程检查机制来解决这个问题呢？

首先是前厅服务员的自查：按照检查的标准，前厅服务员在铺桌前就把不合格的口布、垫布、桌布筛查出来，交给前厅主管。然后把合格的都留下来。

其次是前厅主管的检查：把前厅服务员交给自己不合格的口布、垫布、桌布，以及自己在前厅服务员铺桌后，检查出来的不合格产品，一起交给库房主管，入废品库。

再次是洗涤工人的业务检查：洗涤工人必须在洗涤前，以及洗涤后都要检查，发现不合格的口布、垫布、桌布都要筛查出来，交给库房主管，入废品库。

最后是库房主管的检查：把所有人交上来的不合格的口布、垫布、桌布再检查一遍，确定没有问题之后，入废品库。而且将现存的口布、垫

布、桌布都检查一遍，发现不合格的，也入废品库。

经过了四道手续的筛查之后，不合格的口布、垫布、桌布就会在餐厅消失，我们现在用的都是合格产品，而且不用每一天都做重复的劳动了。

从上述案例中，首先我们要确定下来检查的具体标准，有了明确的检查标准之后，每一个员工就可以在工作的过程中进行最基本的自查工作了。其次，上级主管都要很负责任地检查，不能够把错误都算在员工的头上，员工犯错，主管一样要承担责任。最后，与此次检查相关的每一个环节，都要进行严格的检查，绝对不把问题留到下一次解决。

企业的过程检查就是要获得更多更好的结果，因此针对一个结果，我们就进行一次检查。准确地说，在一次检查当中，不要针对多个结果，这样做会让做实际工作的员工不知所措。在结果无法明确的情况下，员工就只好放弃做结果，而无奈地选择做任务了。因此，想要哪一项工作的结果，就针对结果检查工作，千万不要每一项工作都做检查，却不知道想要哪一项工作的结果。

在整个过程检查中，让被检查的每一个人，或者部门知道，我们正在检查哪一项工作，而我们要的检查结果是什么。如此一来，不仅能够使我们的检查工作有条不紊地进行，而且也能够让员工继续各司其职，而不至于耽误工作，自乱阵脚。

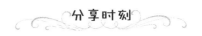

分享时刻

互动——说一说你的过程检查经历

要求：你可以作为检查人，也可以作为被检查人，说出的案例要真实。

你可以说成功的案例，也可以说失败的案例，说出你对此的深刻认识。

讨论：为什么要什么结果，就检查什么工作？

你可以同意，也可以反对，但要说出充分的理由。

准确地说，过程检查也是以结果为导向的，如果我们在检查一项工作的时候，不清楚我们要的结果，那么这次的检查工作注定是要失败的。因此，我们在检查工作之前，就要明确知道我们要什么样的结果。有了结果导向之后，我们的检查工作就会变得容易起来，而且也会得到被检查人，或者被检查部门的极大帮助。

如果我们不告诉其他人，我们检查需要得到怎样的结果，那么就算被检查人，或者被检查部门想要积极地配合检查，都不知道应该从哪里做起。所以，结果对于过程检查来说非常重要，可以说结果是开启过程检查的一把钥匙，没有钥匙，我们永远都打不开检查这把锁。

然而，有些过程检查是有结果导向的，但是结果过于大了，让具体工作的员工根本就无法操作。过程检查的结果导向一定要具体，不能够过于概念化，或者抽象化。一定要具体到非常明确的工作，比如以上的案例中，结果导向就非常明确，就是要把不合格的口布、垫布、桌布筛查出来，不再使用。

只有具体的结果才能够把检查导向成功，因此，我们在过程检查之前，不仅要明确结果，而且要把结果分解，一个一个小的结果都完成了，最终的大结果也会随之完成。在过程检查的时候，一定要记住：要什么结果，检查什么工作。

第十一章　I4：奖罚及时

5I 运营管理机制模式的 I4——奖罚及时。企业正是因为奖罚及时，才能够在员工的心里占据很重要的位置，才能够让员工不辞辛苦地为企业工作。试想，如果我们很努力地工作，获得了所有工作的结果，但是我们从来都没有得到过企业的奖励，所有的待遇都与那些无法获得结果的员工是一样的，这个时候，你的心理会很平衡吗？这样的企业在你的心目中还有价值可言吗？

对于辛苦工作的企业员工来说，及时的奖罚制度是一种激励和鞭策。真正有价值的不是企业奖励的物质，而是被企业认同的归属感和成就感。因此，企业完善的及时奖罚制度，在留住人才的同时，也能够留住人心。而人才和人心才是企业发展真正需要的。

什么是奖罚管理

奖罚管理就是刚开始工作的时候，就定下奖罚制度，并且以工作任务完成的最后时间为期限，获得结果的员工得到奖励，没有获得结果的员工必须处罚，公开兑现当初关于奖罚的承诺。奖罚管理是 5I 运营管理机制模式中的 I4——奖罚及时。对于企业员工来说，奖罚及时不仅能够说明我们工作的优劣程度，而且还证明了我们在企业中的自身价值。

企业运营中的奖罚管理，必须在公平、公正、公开的环境中进行，奖要奖得光明正大，罚要罚得有理有节。特别是要制定一套完整的奖罚管理制度，让每一个员工都明白，在企业中，怎样的表现可以得到奖励，怎样的行为必须接受处罚。奖罚管理要透明，奖罚管理人要具有一定的威信，并且能够让员工信服。

奖罚管理制度，在企业的运营管理机制模式中具有以下几个特点：

1. 奖罚具有时效性，企业要即时奖罚

企业的奖罚管理需要及时，对于一项工作的奖罚不能够拖延。因为员工最在意的是奖罚管理给予自身的荣誉，或者处罚，这些都有时效性，一旦过了时效性，无论企业对员工是奖还是罚，就都失去了原本应该有的现实意义。时间太久，员工已经忘记了，不在意了。

因此，企业的奖罚不要过夜，换句话说，今天的奖罚今天公布，一定要让员工认为，企业是说话算数的，企业的奖罚管理制度也是非常严格的。如此一来，获得奖励的员工会更加努力，受到处罚的员工会加倍小心，下一次不会再犯同样的错误。

2. 奖罚之后说理由，一个结果一个句号

企业在奖罚的时候，要先奖罚后说理由。不要啰啰唆唆地说一大堆的道理，到底谁该奖，谁该罚，员工很是莫名其妙，一头雾水。这个时候，就算你说得再多再有道理，员工也听不到耳朵里。要先把奖罚名单公布之后，再来说这样奖罚的理由。

如此一来，在奖罚名单中的员工会更加清楚，自己做对了什么，或者做错了什么。没有身在奖罚名单上的员工，也会对这一次的奖罚印象深刻。企业的奖罚管理最重要的制度就是，一个工作结果一个奖罚措施，也是为一项工作画上一个圆满的句号。

3. 处罚必须谨慎，责任要追究到底

企业在处罚员工的时候，要格外谨慎，必须将事情的来龙去脉都检查清楚之后，才能够决定到底是不是需要处罚员工。有些时候，不是员工不愿意做出结果，而是因为各种各样的原因无法做出结果。那么，企业对这些原因就都应该加以考虑，如果完全是上一道工序的原因没有结果，则要

处罚上一道工序的执行人。预见不到或不可抗的原因，不进行处罚。

企业不要随意处罚员工，必须要有非常充分的理由。如果处罚理由不够充分，不仅会打击当事员工的工作积极性，也会使得其他员工感到寒心。员工会认为企业不尊重自己的劳动，随随便便就处罚。在企业处罚员工的时候，最靠得住的处罚依据就是：责任。

4. 奖罚不一定非要物质，精神奖罚更重要

物质奖罚是要有的，但是不能够把物质奖罚孤立起来。企业需要把物质奖罚和精神奖罚结合起来。从员工的角度来看，精神奖罚比物质奖罚更加让员工感受深刻。实际上，精神奖罚要重要得多，也能够促使员工更加努力地工作。

对于每一个员工来说，精神奖罚就意味着企业对自身价值的认同，或者否定。而精神奖罚在员工中的影响力要比物质奖罚的影响力大许多倍。

5. 处罚不是目的，目的是要员工改进

企业在奖罚员工的过程中，一定要记住：处罚不是目的，让员工改进工作方法，不再犯同样的错误才是处罚的目的。最重要的一点，处罚得当会成为员工的集体记忆。让这一批员工都明白，这样的事情不能够做，做了就会受到非常严厉的处罚，起到警告与警醒的作用。

6. 奖罚针对的是企业的执行文化

企业奖罚管理的最终目的要落实在企业的执行文化当中，奖罚员工，就是为了要让员工知道，企业在鼓励什么，在反对什么。如果你做了企业鼓励的事情，你就会得到奖励；如果你做了企业反对的事情，那么你就会受到惩罚。

7. 奖罚可以让员工保持工作积极性

企业的奖罚管理制度，可以让员工保持工作活力，能够刺激员工的工作积极性。没有人不喜欢得到奖励，也没有人会喜欢受到处罚，因此每一个员工都会努力工作，以此来赢得奖励，以及在同事之中的荣誉，还有企业对自身价值的认同。获得奖励的员工会保持兴奋的工作状态，暂时没有

获得奖励的员工，会更加努力地工作。

由此可见，企业运营中的奖罚管理制度，在辅助形成企业执行文化的同时，也能够使得企业上下一心，各司其职。

奖罚管理的经验和问题

企业的奖罚管理制度不是短时间内可以完善的，需要企业从各个方面不断地补充经验，并且发现问题，以此来使奖罚管理制度日臻完善。不可否认，任何制度都不是完美无缺的，企业的奖罚管理制度更是如此。企业当中的每一个人都会对奖罚管理表现得非常敏感，毕竟这是关系到员工切身利益的事情。因此，企业的奖罚管理制度必须做到零误差，才能够适应现代企业的发展。

从企业运营管理的角度来说，奖罚管理制度在帮助企业区分优劣的同时，也能够给企业带来最新的员工资讯。要想奖罚得当，企业就必须清楚每一个获得奖励，或者受到处罚的员工的具体工作情况。如果企业总是糊里糊涂地就奖励或者处罚员工，那么员工也只能够糊里糊涂地工作了。

企业在奖罚管理中会获得一些经验，以及出现一些问题：

1. 有绩效，没有即时奖罚

对于企业来说，有些工作项目的开始和结束都不是非常明确，而且对于企业管理者来说，也容易因为别的事务而一时忽视了奖罚管理。在各种不确定的情况之下，就会出现有绩效但是没有即时奖罚的问题。

要想解决有绩效没有即时奖罚的问题，企业就必须由专人负责奖罚制度的管理，也需要有一整套的机制来保证奖罚制度的即时性。如此一来，企业从上到下都在奖罚制度当中，就不会再发生有绩效没有即时奖罚的事情了。

2. 不清楚即时奖罚的原则是什么

有些时候，不是企业的奖罚不及时，而是作为奖罚的操作者，根本就不清楚奖罚的原则是什么。这样的问题不仅会发生在中小型企业中，也会发生在大型企业中。奖罚管理者和奖罚操作者之间脱节，彼此没有进行很好的沟通，导致实际操作者不清楚奖罚的原则。

还有一种情况就是奖罚管理的原则是清楚的，但是针对这一项工作的奖罚还没有出台原则。可是这一项工作已经获得了结果，而奖罚原则还不清楚，于是就无法对员工进行即时奖罚，只能够把奖罚的时间往后一拖再拖。

3. 不清楚即时奖罚的标准是多少

每一项即时奖罚都应该要有非常明确的标准，奖要奖什么，奖多少？罚要罚什么，罚多少？这些奖罚的标准都必须细致严格。如果我们不知道奖罚的标准，那么即时奖罚是无法正常进行的。造成对即时奖罚标准不清楚的原因有许多，其中有个人原因，也有制度原因。

我们一定要在最短的时间内把原因查清楚，并且在清楚奖罚标准之后，立刻对员工进行奖罚。由于时间上不能够做到即时，但是亡羊补牢为时未晚，简单来说，有奖罚就比没有奖罚好。为了杜绝类似问题的再一次发生，我们就应该在工作进行之前，清楚标准和原则。

4. 企业设立的奖项，很有效的是什么

企业针对不同的工作岗位，不同的部门会设立一些不同的奖项。而这些奖项当中，最有效的，也就是员工最喜欢的是哪一个或者哪几个，这样的情况，企业必须了如指掌。如果企业不知道员工对于奖项的态度，就会维持一些员工不喜欢、没有效果，也没有必要继续下去的奖项。

相反地，如果企业清楚员工喜欢哪一个奖项，那么就会重视这个奖项，并且使其有所发展、更加有效。而对于员工不喜欢而没有效果的奖项，企业就应该考虑撤销，以免浪费企业的人力和物力。因此，企业应该定期对设立的奖项进行检查，根据检查的结果，保留一些奖项，撤销一些奖项，再新增一些奖项。

5. 企业奖罚的频率是多长时间一次

企业对奖罚的频率要严格进行控制，不能够过于频繁，频繁的奖罚会让员工感到倦怠，失去奖罚原本应该有的作用和意义。奖罚的频率也不能够过于低，如果企业长时间不对员工进行奖罚，那么员工对奖罚这件事情，也会觉得索然寡味，表现出对奖罚无所谓的样子。

企业奖罚的频率多长时间一次，才算是真正可以发挥效应呢？答案其实非常简单，只要企业能够兑现奖罚的承诺就可以了。而且企业对奖罚应该要分层次分阶段进行，小规模的奖罚和大规模的奖罚相结合，这样做就可以达到企业奖罚管理应该有的效果了。

综上所述，企业的奖罚管理制度中存在着一些问题，我们要用工作中获得的经验来及时地纠正错误，解决问题。如此一来，企业的奖罚管理制度会越来越完善，而我们的工作成绩也会越来越好。管理企业奖罚制度的员工一定要记住：每一个员工都喜欢奖励，都不喜欢处罚。因此，无论是奖励还是处罚，我们都必须要谨慎、谨慎、再谨慎。

第十二章　I5：改进复制

　　企业中有许多的问题是长期存在而没有得到及时改进的，也有许多好的工作方法以及经验是无法得到推广和复制的。这个时候，企业就需要改进复制管理机制。5I运营管理机制模式中的I5——改进复制，原则就是用好的方法代替不好的方法，把好的经验复制到下一次的工作中。

　　企业运营中的改进管理，不仅能够使企业改进，也能够使每一个员工改进。那么我们都改进什么，复制什么呢？改进的自然是工作技能和工作能力，复制的一定是最好的工作方法和结果。因此，在改进复制的过程中，我们得到的是其他人用自身的智慧和经验获得的好方法，我们等于走了一条成功的捷径。

　　企业要充分重视改进复制，实际上，企业人员辛苦工作得到好的方法和结果，不能够在工作结束之后就把好方法和结果丢到一边，而应该让它们为企业做更多的事情。

什么是改进管理

　　改进管理就是用集体讨论的方式，总结经验和教训及新的方法，以此来补充制度和流程上的不足，让团队能够按照新的、先进的工作方法进行下一个阶段的工作。在企业的运营管理机制模式中，改进管理是关键的最后一步，我们需要把运营管理中好的、优秀的经验、方法、结果进行总结和归纳，并且有效地复制到下一个阶段的工作当中。

对于企业来说，改进管理机制就相当于企业的助推器，它在把好的方法推广到企业的每一个部门、每一项工作中的同时，也能够让企业加快发展的脚步，向着企业最终的战略目标更进一步。由此可见，改进管理可以让优秀的更加优秀，让成功的更加成功，让不适合企业的机制和方法早一些被淘汰，也可以说，改进管理机制是企业运营管理的净化器。

我们在进行改进管理的时候，要注意以下三个要点：

1. 只讲共性，不讲个性

改进管理用的是集体讨论的方式，在总结经验教训的时候，我们是只讲共性，不讲个性的。这是由改进管理的特点所决定的，因为改进管理针对的是大多数的企业员工，所以总结出来的新方法也是适合大多数企业员工的。这就必须突出改进管理中的共性发展，而要把个性忽略不计。

共性是指不同事物的共同特质，而个性是指区别于其他事物的个性特质。企业的改进管理注重的是共性，准确地说，改进管理所推广的新方法是适用于大部分员工，以及大多数岗位的，而不是针对员工个性及个别岗位的。

2. 只做简单，不做复杂

改进管理所总结归纳的新方法必须是简单易行的，适合企业中各个工作岗位的。而不要归纳一些看起来实用，但是程序非常复杂的新方法。准确地说，改进管理是面对整个企业的，而不是针对某一个员工，或者某一个部门的。

因此，改进管理只做简单的新方法，而不做复杂的方法。简单的新方法更容易进行推广和复制，我们需要把各种新方法的核心提炼出来。事实证明，越是简单有效的新方法，在推广的过程中越是能够被更好地接受和使用。

3. 只解决近期，不考虑长远

改进管理解决的是近期，而不是企业长远的发展。这是由于改进管理改进和复制的新方法都是针对企业近期工作的，对于企业长远的发展，不是改进制度的管理范围。改进管理的性质决定了，所有的新方法和经验只适用于近期的工作，简单来说，改进管理管理的是企业的当下。

改进管理并不是只停留在企业的过去，而是经过不断地改进和复制，找到适合企业现在的新的工作方法。改进管理是随着企业的发展而不断前进的，企业能够发展多久，改进管理就能够跟随企业多久。因此，改进管理是不考虑长远，只关注当下的。

准确地说，改进管理是用机制防止工作中的错误重复出现，也是用机制让一个能人变成许多个能人，更是用机制让这一次成功下一次能够再成功。所有好的流程都是不断优化出来的，所有好的团队也是复制出来的。因此，企业运营中的改进管理机制，就是要把企业现在的好方法、好结果加以推广、改进、复制，让优秀的更加优秀，并且淘汰不好的，以及不适应企业当前发展的。

改进的目的

企业的改进管理目的就是要把企业的目标分解成若干个部门的目标，然后再把部门的目标分解为每一个企业员工的目标。企业的一切经营都是围绕着战略展开的。而我们可以将战略通过管理体系进一步分解，分解到每一个工作岗位，分解成每一个月、每一周、每一天都应该做什么。并且找到我们做不好的，没完成的工作，通过改进管理，我们就可以确保工作岗位任务的顺利完成。把所有的方法、经验、结果都集合起来，就可以确保企业战略的实施！

因此，改进管理的最终目的就是要提升企业的业绩，确保企业的战略目标的实现。

企业运营管理机制模式中的改进管理，主要有以下 4 个目的：

1. 20% 关键的少数制约 80% 的多数，通过改进重点结果保证整体结果

通过改进管理，我们可以从改进某一个或者某几个重点结果开始，进而改进企业的整体结果，保证企业战略目标的实现。企业运营当中，关键的人总是少数，通过少数关键人来制约大多数的人，就是改进管理的目的之一。

因为这样做就能够对结果有所控制和改进，而改进管理的最终目的是要对企业整体结果进行改进。

2. 通过改进使个人工作方法和工作能力提高，防止管理过程中只要结果，不要提高的情况

企业运营管理的过程中，经常会遇到只要结果而不要提高的情况。如果这样的情况持续下去，就会对企业的发展造成阻碍。为了防止类似情况的发生，我们必须进行改进管理。因为改进管理能够通过对个人工作方法和工作能力的提高，而使员工在获得工作结果的同时，也能够不断地提高自身的工作技能和能力。

从员工个人角度来说，改进管理不仅能够提高自身的工作能力，更新工作方法。最重要的是，改进管理可以让员工学习企业中最优秀、最先进的新方法和新技能。

3. 强化团队协作文化，防止员工无端被淘汰与领导情绪化管理

在企业中，我们都不是一个人在工作，而是整个团队在工作。改进管理能够强化这种团队协作的文化，使得员工能够得到最公平的对待，杜绝领导情绪化的管理。有些企业中的领导，会把个人的情绪带到工作中，这样做就会导致员工没有理由被淘汰的现象发生。这样的情况不仅对员工本人，而且对企业也是非常不利的。因为企业也许就会因此而失去一个人才。

改进制度的目的之一就是要把团队中的每一个成员都紧紧地团结在一起，充分地发挥团队的协作精神，使得团队能够成为高效率的优质团队。

4. 形成主动改进的机制，使企业具备自我完善提高的能力

改进管理的最终目的就是要在团队中形成主动改进的机制，使得团队具有很高的自我完善和提高的能力。如果企业中每一个团队都能够自我改进，那么企业的整体改进能力也会随之提升。改进管理能够在企业中形成自下而上的自我改进机制，企业的整体能力自然就会不断地提高。

企业运营中任何的管理机制，最理想的状态就是能够形成主动机制。不用监督和检查就能够自我更新和完善，这是改进管理最大的目的，也是最大的作用。

改进管理的目的就是用好的方法和结果，让企业能够更快地发展壮大，并且具有实现战略目标的能力和资源。

改进会训练：用改进体系，让员工提升能力

改进会是改进管理的一个重要组成部分，它能够用改进体系，让企业员工在本职的工作岗位上不断地提高技能，提升工作能力。企业在什么样的情况下才需要改进呢？我们可以根据企业质询会所提供的数据信息，分析企业如果存在以下两种情况，就需要改进了：第一种情况是周报周计划、月报月计划的重要结果没有完成。第二种情况是同样的错误结果，反复地出现。

1. 改进会流程

企业要想真正运用好改进会制度，就必须要熟悉改进会的流程，一般情况下，改进会的流程是这样的：

①确认问题：重点结果没有完成，反复出现同样的问题。这是工作表现出来的现象。

②找到原因：问题产生的根本原因有几个方面。这是问题的本质。

③要有正确的方法和措施：针对原因，确定方法和措施，并且形成改进方案。

④要有新的承诺：进入新一轮的计划、检查体系。

企业需要制定出具体的改进会制度，在改进会的制度当中，要明确参加改进会的人员，以及改进会的原则，开改进会的原因，以及表现、措施

等。改进会最终是需要用决策来说话的，如果一次改进会没有任何的决策，那么它只能是一场失败的改进会。要想让改进会发挥应该有的作用，我们就必须要针对改进会中的各种问题进行最终的决策。因为有决策才能够有执行，有执行才会有改进。

2. 改进会的内容

一般情况下，企业的改进会包括以下几个方面的具体内容：

①改进会的参与人：在质询会中，结果不佳和分数较低的员工，以及出现问题的部门主管。企业管理者和 COO 至少要有一个人参与。

②改进会的原则：按照改进会流程，一项一项地进行，不能够偏离，也不能够回避问题。

③原因：一定要找到出现问题的根本原因，以及解决的方法。

④表现：对于问题的描述要客观而公正，这样做才能够找到解决方案。

⑤改进会的措施：有效解决问题。

⑥改进会的决策：

● 能够现场做出决策的，立刻决策，并且进入下一步工作计划和结果；

● 需要时间的，限定最后的解决时间，COO 要负责监督完成；

● 需要提高职业素质的，限定期限改变和提高，要用结果说话；

● 需要提高工作能力的，把学习和考核的时间确定下来，也要用结果说话；

● 经过努力没有结果的，换岗或者辞退。

对于企业和员工来说，改进会制度都是工作当中必不可少的助推器和过滤器。因为改进会能够帮助员工个人在一定程度上提高工作技能和能力，并且开拓员工的视野和知识面，在某种程度上，也促进了员工的创新发展。而改进会对于企业来说，则是一部非常好的过滤器，它会把好的优秀的方法和结果都留下来，淘汰那些过时的，已经不适应企业发展的方法和结果，企业能够在一次又一次的改进会中，获得更多的新方法和新结果。

3. 训练：模拟一次改进会

（1）准备阶段

①找到一位经常做不好结果的员工。

②请企业领导或者 COO 现场帮助改进。

③请部分部门主管参与，帮助改进。

（2）改进会的程序

①说明业务及改进会流程。

②明确被改进人的职责和岗位。

③说明不好的结果是什么，问题在哪里。

④由企业领导或者 COO 主持改进会。

⑤由 COO 记录改进会的最终决策。

我们要在模拟训练之后，总结这一次模拟训练的收获和结果，综合各方面的意见和建议，达到模拟训练的最终目的。虽然是模拟训练，但是全部过程一定要真实。我们需要一次实际意义上的改进会训练，如此一来，我们才能够明白改进会的意义，以及改进会的整个组成体系和作用。

改进会体系的最大意义，就是通过改进会能够让每一个员工的工作能力，以及岗位技能都得到提高。在更新迅速、市场竞争激烈的今天，员工工作能力的提高，就是企业竞争实力的提高。改进会可以把一个人的智慧变成多个人的智慧，把一个人的成功变成整个企业的成功。

我们要如何才能够更好地运用改进会制度呢？我们需要集体讨论以下的问题。

4. 讨论：企业应该从哪里开始改进

①客户为什么没有签订合同？

②20 万元的货款为什么没有要回来？

③企业的次品率无法下降，是哪里出现了问题？为什么总是解决不了？

④企业产品的质量和产量是否与设备老化有关系？什么原因造成了设备的老化？

⑤开会的时候人员就是无法到齐，原因是什么？

⑥工作多的时候，你会经常忘事吗？如何才能够解决？

⑦部门之间的信息共享是否存在问题？如何解决？

任何企业中问题与困难都是随时存在的，而好方法和好经验也是可以随时解决这些问题，克服这些困难的。改进会制度让我们把企业中所有优秀的头脑都集中起来，把所有优秀的工作方法和经验都推广出去，以此来提高企业的整体竞争能力，以及实现战略目标的能力。因此，企业要把改进会纳入到运营机制当中，从提高每一个员工的个人能力和素质开始，直到整个企业都在用好方法工作，用好思维思考问题。

月质询训练：聚焦战略的中层基本功

月质询会的意义就在于质询本部门的战略要点是否已经落实；下个月如何实现总裁的战略；而月质询会的目的则是要纠正战略的执行偏差。战略制定了之后，就是在一年中要分解完成，一年 12 个月的分解是最小的战略执行周期，可以看出战略执行的结果，所以，月度质询与周质询最大的不同，是可以考查战略执行的结果，并保证战略执行的方向与质量。

月质询会的启动是从总裁做月度战略分解开始的。月质询会的流程是：首先要自检月报；其次是要月报质询；最后是月计划质询。要按照先管理，后业务的顺序，每一位部门经理和指定的汇报人都要做月份月报和月计划汇报。

1. 实战模拟：月度质询会

①训练目的：总裁亲身参与召开一次月质询会，在质询会中教会总裁

如何召开质询会的方法，总裁达到学会如何自己召开规范、高效的质询会的目的。

②训练形式：实战模拟，角色扮演。

③训练结果：总裁回到公司就可以立即召开规范、有效的企业中高层管理者质询会。

我们要通过月度质询会的实战模拟训练，掌握月度质询会的整体流程，以及月度质询会要达到的目的，所需要的结果。从企业战略目标的角度来看，月度质询会是以月度计划和报表为基础，整个企业或者部门一个月的工作计划，以及工作进程为主要内容，来质询每一项工作的结果，或者工作过程当中出现的偏差和错误。

实际上，月度质询会是对企业或者部门一个月的工作总结。在质询会上，我们会清楚地看到，一个月的时间里我们做了哪些工作，哪些工作我们获得了结果，哪些结果是好结果，哪些结果不是好结果。总而言之，通过月度质询会，我们可以清楚这个月到底做了一些什么工作，以及工作的业绩如何。

月度质询会上一定会用到的两件公文就是月度计划以及月度报表。月度计划和报表当中，一定要详细地写明企业的整体战略，部门当月的重点工作，以及要把重点工作体现在结果定义当中。而结果定义可以分解在每一周的计划和报表里。

在月度质询会上，每一个管理者都要对自己部门的工作进行汇报，包括企业的总裁在内，也要汇报一个月来的工作。如此一来，企业的每一个员工都会知道，自己的领导，包括企业的领导都在做什么，企业这个月有了哪些新的决策，进行了哪些革新和改进。

2. 企业总裁的月度战略分解报告范例

①财务目标（销售额、利润额、利润增长、成本控制、质量、产量）；

②新产品、新技术、新工艺、新设备目标；

③区域市场目标，产业扩张，设立分公司，增加新店；

④品牌战略、营销模式、促销活动，重大展销活动；

⑤管理人才建设，员工队伍建设，培训体系，组织机构改革，集团化管控体系建立；

⑥管理机制：质询会，管理制度、流程建设；

⑦文化建设目标：执行文化与职业化；

⑧收购，并购，融资，上市；

⑨对外合作：供应商管理，经销商管理，政府关系，公益事业。

3. **实战模拟：月计划训练**

①总裁写某位下属的下月计划，可以在销售经理岗位、人力资源经理或者生产经理三个岗位中，选择一个做月计划。

②高管写自己的下月计划，自己写，然后与总裁对照，看看结果对应率是多少？

③写完之后，交给工作人员，前三名由老师点评。

④注意事项：

● 职责不变，直接复制过来；

● 在最下面写上全年公司工作重点，再写上部门本月工作重点，看看月重点是否支持公司全年重点；

● 写月度结果定义，对照本月部门重点，全年结果重点，不重要的去掉；

● 再做结果分解，每周必须有结果，一共四个过程结果，这就是周结果中的重点结果。

月度计划中使用的术语：

● 我下月的结果有几个，分别是……，其中重点结果是……；

● 请总裁质询 KPI 与结果定义，多不多，少不少，对不对；

● 请问总裁是否通过；不通过的，需要现场立刻修改。

月度计划和报表都是非常重要的，我们一个月来的所有工作和结果，都要在月度计划和报表当中体现出来。如果我们不能够做好月度计划和报表，那么不仅我们的成绩无法得到认可，而且也无法让问题和矛盾暴露出来。那么我们的月度质询会就是完全没有意义的。

由于每一个人的工作背景和文化背景都不同，因此对事物的理解能力也是不一样的。在做月度计划和报表的时候，我们不需要一个人埋头苦干，我们要运用团队中每一个成员的智慧和长处。做好月度计划和报表，开一个成功的月度质询会，看到我们的优秀，以及我们通过努力工作而得到的成绩和结果。同时，也找到我们的不足和缺点，以此为基础改进我们的工作。

4. 训练：做一个质询会制度

①周质询会的目的是什么？

②周质询会参加的人员是谁？

③什么时间开周质询会？

④什么时间交周计划？交周报？以什么形式，交给谁？

⑤总裁或者直接领导审查周计划的时间节点是什么？

⑥COO 在质询会中的职责：追报计划，检查计划，提醒执行人，向总裁汇报结果，组织与主持质询会，做质询，做质询纪要。

⑦奖罚：不交，晚交，不合格退回。

月度质询会是每一个中层管理者的必修课，也是中层管理者管理能力的具体表现。如果一个中层管理者无法正确地对待月度质询会，那么他也无法高效率地管理自己的部门。因此，对于中层管理者来说，月度质询会既是对一个月工作的总结，也是下一步工作的开始。我们不仅要练好月度质询会这个基本功，而且要把月度质询会制度推广到部门里，使得每一个部门成员都能够从月度质询会当中获得新的动力。

准确地说，月度质询会就是企业战略的微观展示，我们必须要把工作重点聚焦在企业的战略目标上。如此一来，我们的工作才能够有的放矢，在不断提高工作能力的基础上，也能够与企业紧密连在一起，为了一个共同的战略目标而努力工作。

流程设计训练：给员工做事的程序与标准

企业的任何工作都必须有标准流程，企业为员工设计出好的流程，就是要给员工工作中能够遵守的程序和标准。那么，什么是流程呢？流程就是做事顺序、方法与标准，流程可以固定优秀的经验和方法。我们的工作为什么需要流程呢？首先，流程可以让员工掌握方法，提高知识与技能；其次，流程可以让团队行动统一，防止经验主义与能人现象；最后，流程可以复制成功模式，使得企业能够做大。

接下来的问题是：我们为什么要做流程？企业的流程设计就是员工在日常工作中必须遵循的工作标准，有了标准的流程之后，员工就能够知道，这一项工作我们做到什么程度，就是做出了结果。流程设计也是员工用来衡量工作业绩的一个参考数据。

1. 为什么要做流程

企业做流程的原因有以下 7 种。

①很多时候，员工不是不想做出好结果，而是不知道获得好结果的方法。这个时候，流程设计就可以轻而易举地解决这个问题。有了工作的标准流程之后，员工只要遵守流程做工作，就能够得到最终的好结果。

②好的经验没有形成一定的规模，没有传承，企业无法做大。流程可以使得好的经验和方法渗入到工作的每一个环节当中，不仅可以形成标准化的工作形式，而且每一个流程都是根据最好的经验和方法而来的。

③工作没有统一的执行标准，而每一个领导的方法都是不同的，员工不知道谁的方法才是正确的。工作有了标准流程之后，我们在工作中就会非常清楚地执行标准，不需要再问任何人。就算领导对工作有不同的标准，我们只要按照流程工作，就能够拿出工作结果。

④没有统一的工作标准，对于同一件工作，每一个员工做出的结果是不同的。工作的标准流程确定下来之后，工作的结果就能够非常清晰地被

定义出来，那么就不存在哪一个结果是好的，哪一个结果是不好的这样的争论了。

⑤企业内部沟通不顺畅，部门之间无法正常合作和交流。标准流程促使部门之间必须合作，不合作就得不到结果，得不到结果，部门就无法完成战略目标。

⑥流程需要企业集体训练，要每一个员工都掌握并且运用流程，流程才能够有具体的意义。

⑦结果定义清楚之后，没有及时地分解结果，不仅无法进行检查，而且无法获得最终的好结果。

2. 企业流程管理

我们知道了做流程的意义之后，也就能够理解流程究竟有哪些好处了。在企业运营管理机制模式中，工作流程的标准化，不仅能够保证企业和部门的战略目标得以实现，也能够让员工个人的职业理想得以实现，让员工可以清楚地看到自己在企业中的未来。企业需要从以下几个方面入手，管理好企业的流程。

①汇总企业流程，编写《流程管理手册》；

②部门主管要自己制定流程，并且教会下属员工做流程；

③部门主管在学会管理的同时，更要学会制订流程；

④企业员工要想真正地获得好的工作方法，就必须在流程中不断地实践；

⑤流程培训之后，企业的整体工作效率会成倍提高；

⑥流程可以让新员工更快的抵挡一面；

⑦好的经验会得到推广使用，好的方法也可以人人使用；

⑧客户价值能够获得最大化，客户对企业的满意度和忠诚度也会随之大幅度提升。

严格地说，每一项工作流程都是经过无数次的失败，融合了许多人的工作经验和教训而得到的。工作的标准流程中不仅有最先进的岗位技能，而且也有最好的工作方法，因此员工在按照流程工作的过程中，能够非常容易地得到工作最好的结果。工作流程的标准化，在降低了企业生产成本的同时，也降低了员工的职业风险。

企业应该有定期的流程培训，训练员工能够熟练掌握岗位的标准工作流程。以下这个流程训练，不仅可以在企业中开展，也可以在部门、团队、班组中开展。

3. 训练：流程训练

①从前面做的周计划或者月计划中，找出来自己觉得不好分解的一个结果定义，做个流程，再分解一下，看看是否还那么难；

②找一个平时在公司运营中，经常责任划分不清的，经常出错的，互相撞车的，或者无人管理的问题，做一个流程，看看如果这样做，是不是可以避免存在的问题。

先想想三分钟，决定做一个什么流程。

老师示范，大家现场实际操作。

老师点评，评出前三名——流程王。

工作流程就是要给员工一个工作的程序和标准，减少员工在工作的过程中出现偏差和错误的概率。标准化的工作流程，也是企业员工的工作指南，以及未来发展不可缺少的衡量标准。

对于企业来说，工作流程的标准化是企业运营管理与国际化接轨的重要标志之一，也是企业成为战略性成功企业的关键一步。

最后，关于 5I 运营管理机制模式，还有几点非常重要的总结，希望能够对企业以及企业管理者和员工有所帮助。

1. 做好教育

必须要做职业化教育，树立契约精神，用结果做交换，树立为客户负责，就是为公司、为自己负责的意识，不然大家不理解为什么要做运营、上机制，让我们交结果，我们平时没有人检查，现在有人检查，有结果追踪了，公司是不是不信任我们了，许多人会感到不适应。对中层先做一些结果交换意识方面的培训、讨论是必要的。

2. 循序渐进

要把建立运营规范化当成一个管理改进的过程，立即见效是不现实的，多数企业是需要一个漫长的过程，从中层开始，再到基层；从公司开始，再到部门，最好不要全公司上下都开始应用，会造成不必要的混乱，试行中层质询会要先试行三个月，做模拟质询会，只要一个月比一个月好，就是进步，鼓励大家继续改善，是比较好的方式。

3. 需要人才

如果没有合格的 COO，或者 COO 能力不高，质询会体系会比较难运营一些，老板还要承担运营监督的职责，但是如果企业规模不大可以先运营起来，在运营过程中寻找人才，提高中层的能力。

4. 需要训练

高效运营，需要比较艰苦的训练，重点与难点是：结果定义训练，能够根据职责与工作计划把结果定义正确了；改进会是一个难点，难点在于找准原因，找对应的解决方法，需要一个较长时间的训练过程。

5. 体系配套

运营的配套工程是必须有岗位职责与考核指标，员工对这个职责与指标非常清楚了。不然，你的结果定义就没有依据，没有完善的人力资源体系不要紧，只要员工对岗位职责与考核指标都清楚了，就应当知道如何做好结果定义。另外，老板必须对公司的组织架构与部门职能是不是缺少，是否理解了，要非常清楚，不然质询不了中层，不知道向中层要什么结果。

6. 理解效率

应用的时候，中层会认为很麻烦，很耽误时间，我们要给大家讲一个道理，我们为运营规范化付出的时间成本，远远小于我们缺乏运营造成的浪费和损失的成本，不出错，就是高效率。这是一个艰难的启动过程，等到大家都熟悉了，效率就提高了，标准是 7~8 个部门的公司级质询会在

1.5 个小时是标准，一个岗位周计划、周报，应当 20 分钟完成提交。如果公司的管理体系比较健全而且能够熟练使用，可以考虑上管理软件，也就是企业管理信息平台，借助信息工具提高效率。另外，成熟的质询会可以通过视频会议、电话会议、邮件、OA 平台，甚至 QQ 等即时在线交流会议平台来进行，以提高效率。

QIYE CHENGZHANGLI SHUJIA
企业成长力书架

助力企业成长

中国财富出版社*
北京联大文化

联合出品

作　者： 孙军正　刘明勇　　**定　价：** 35.00 元

出版社： 中国财富出版社

《战略与运营突破》内容简介

　　本书分为战略突破和运营突破两个部分，在战略突破这部分，着重阐述了战略对于现代企业的重要性，以及企业如何才能够获得战略性的成功；在运营突破这部分，着重介绍了 5I 运营管理机制模式。希望这本书能够帮助企业突破自身的局限性，进入到更广阔的发展空间里。也希望这本书能够帮助个人，突破自我，在企业中获得更多更好的发展机遇。

作　者： 曾文　　**定　价：** 35.00 元

出版社： 中国财富出版社

《像恋爱一样去工作》内容简介

　　本书从"和工作谈恋爱"的思路出发，为了帮助职场达人更好地建立"和工作谈恋爱"的工作思维，作者给出了明确职场工作意义、全身心投入工作、树立高目标、坚持带来力量、让自己更优秀、不断进行创新等相关方法。全书内容深入浅出，行文严谨而不失幽默，用翔实的案例、准确的逻辑和清晰的语言，为职场人摆脱工作倦怠、打造良好工作氛围设计和规划出一条行得通的道路。

作　者： 李锋　葛静　　**定　价：** 39.80 元

出版社： 中国财富出版社

《炒店：7 步实现门店网点人流量激增、销量翻番》内容简介

　　本书致力于用平实的语言、贴近生活的案例、详细的步骤描述来展现炒店的整体面貌。不去过多地讲解理论，而是注重实际的可操作性、可应用性，尽可能讲述全面具体的执行方案、执行方法，让你阅读完本书后能够策划出一套属于自己的、适合自己店铺的炒店方案。

*注：中国物资出版社已于 2012 年 4 月 1 日起正式使用新社名"中国财富出版社"。

企业成长力书架

助力企业成长

中国财富出版社
北京联大文化

联合出品

作　者：陈明亮　定　价：39.80 元

出版社：中国财富出版社

《怎么做，别人才追随》内容简介

　　追随力是领导力的重要组成部分。追随力看似抽象，无从把握和建立，但是经过仔细地研究和学习，追随力其实也是有迹可循的。本书作者有着丰富的管理实战经验，并长期从事企业领导培训工作。在本书中，作者将从各方面为读者介绍何谓追随力、追随力能够给企业带来的益处、企业家应该从何处着手建立追随力以及建立追随力时应该注意到的一些问题，希望能够为各位企业家排忧解难。

作　者：周子人　定　价：35.00 元

出版社：中国财富出版社

《管理者自我修炼》内容简介

　　管理才能不是天生的，需要不断地在工作中磨炼。优秀的管理者应该可以驾驭任何的员工，因此，管理者应该从自身出发，找出自己的不足之处，不断修炼自己，提升自己的领导力。本书为管理者解读管理工作的真谛，助力管理者自我修炼。

作　者：杨平　定　价：35.00 元

出版社：中国财富出版社

《领导角色与艺术》内容简介

　　本书针对现实中领导者的角色"错位现象"，分析了领导者为什么要进行角色管理、如何成功实现领导角色的转变，以及如何成为一名成功的领导者等问题，并总结了领导者的七大角色，为领导者进行角色管理提供参考。通过阅读本书，相信广大领导者可以更好地认识自己，知道身为领导者应该做什么、怎么做，从而更好地扮演自己的领导角色。

QIYE CHENGZHANGLI SHUJIA

企业成长力书架

助 力 企 业 成 长

中国财富出版社
北京联大文化
联合出品

作　者: 吴群学　　　　**定　价:** 35.00 元
出版社: 中国财富出版社

《管理就这几招》（第二版）内容简介

　　本书第一版在持续两年的热销之后，作者吸取了很多专家的建议和企业一线的管理经验，隆重推出了第二版。全书在第一版角色管理、目标管理、团队管理和自我管理的主体框架不变的基础上，对部分管理经验和方法进行了补充和完善，使之更贴近企业实际，更顺应时代赋予管理的各项职能，简单实用。

作　者: 吴东
定　价: 32.00 元
出版社: 中国财富出版社

《九型人格与卓越销售力》内容简介

　　本书依据"九型人格"理论，将销售人员遇到的顾客分为九种不同的类型，通过探讨每种类型顾客各自的优势和弱势，分析他们在购买商品与谈判中的"心理弱点"。最终，教会销售人员如何牢牢抓住顾客的心理弱点、掌握他们的思维方式、学会与他们的对话技巧，以此提高销售技能，卖出更多的产品。

作　者: 高乃龙
定　价: 32.00 元
出版社: 中国财富出版社

《夹缝中的利润：小微企业的生存赢利之道》内容简介

　　和世界 500 强相比，中国企业是小微企业；和中国 500 强相比，中小企业是小微企业。我国的小微企业是解决就业问题的主要力量，但小微企业的发展却面临困难。本书是帮助小微企业突破自身困境的第一本实战书籍，书中结合企业案例现身说法，通过独到的分析、有效的定位和精准的策略，最终帮助小微企业实现可持续发展。

作　者: 高子馨
定　价: 32.00 元
出版社: 中国财富出版社

《形象决定身价：职场人全方位获得成功的 6 个魔法》内容简介

　　你一定羡慕过那些商界、政界精英们翩翩的风度；你一定渴望着在别人面前表现得潇洒自如。个人形象是个人竞争的软实力，纵然你有很高的学历，纵然你经验丰富，如果没有良好的个人形象，你也很难取得成功。本书从什么是个人形象出发，通过生动形象的事例论述，专业权威的建议提示，帮助你一步步提升个人形象和气质。相信你能够在书中找到你尚未成功的原因，也能够找到通向成功的捷径。

QIYE CHENGZHANGLI SHUJIA

企业成长力书架 ⫼⫼

助 力 企 业 成 长

中国财富出版社
北京联大文化 联合出品

作 者：付述信　　定 价：32.00 元
出版社：中国财富出版社

《职业化团队五项管理》内容简介

　　本书从五个方面阐述了打造职业化团队的管理方法：目标管理、团队精神管理、执行力管理、责任管理、结果管理，以此对团队运营和团队成员的能力提出要求。全书的内容是以经典的案例开篇，使每一个读者可以从故事中领略到管理的奥妙，经过对案例的分析，给出最恰当的管理方法。用最浅显易懂的语言概括出了管理团队的精髓，旨在让每一个读者明白，打造职业化团队并不是深不可测的。

作 者：刘逸舟
定 价：35.00 元
出版社：中国财富出版社

《说服的力量》
内容简介

　　是否具备说服的能力决定了你生活的顺利程度、决定了你事业上的发展、决定了你是否是个具备影响力的人，甚至决定了你能否掌控自己的人生。掌握了说服力的人，能够使他人遵从自己的意愿，能够使他人自愿地帮助自己，能够把陌生人变成好友，把冲突化解为无形，使家庭中的关系更加和谐。

　　本书全面揭晓说服中的奥秘，通过专业的分析与归纳，帮助你建立自己强大的说服力和影响力，使你避免在人群中人云亦云、随波逐流！

作 者：刘星
定 价：32.00 元
出版社：中国财富出版社

《职场360度沟通：职场人交流得力的完全沟通术》内容简介

　　人脉是成功的关键。那么，这人脉从哪里来呢？需要你去开发、去构建，方法就是发挥自己的心思，抓住遇到的每一个人，去好好地沟通、交往。良好的人际交往能力是形成雄厚人脉资源的不可缺少的要素。本书即讲述了各种最适合职场达人或菜鸟们学习、运用的沟通技巧，掌握这些沟通技巧，即会成为打遍职场无敌手的精英高手。从现在开始，努力修养自己的沟通能力，成为战无不胜、可以搞定任何人的职场达人吧。

作 者：蒋巍巍
定 价：32.00 元
出版社：中国财富出版社

《冲突管理：化冲突为转机的9个步骤》内容简介

　　现代商业社会竞争日益激烈，企业稳定的重要性不言而喻。不管什么样的企业，都应当及时处理冲突，不让冲突激化，才能有更多的精力提升核心竞争力，从商业大潮中脱颖而出，走上成功的巅峰。在这本书里，我们将为管理者带来全新的思路和手段，从冲突的源头，到冲突的结果，一一为管理者详细解读，彻底解决"冲突到底要怎么管"这一职场难题。

作 者：张友源　　定 价：29.80 元
出版社：中国财富出版社

《左脑情绪管理　右脑压力管理》内容简介

　　大脑是人体的中枢，人生所追求的工作幸福、生活幸福，其实都隐藏在人类的大脑中。本书的独到之处在于提出了人类大脑的功能分区问题，主张每一个人都应该科学地使用好自己的左右脑，以使自己生活得幸福，在工作中享受到幸福感。作者认为，人类的左脑控制着情绪，而右脑则控制着对压力的感受，当左右脑彼此结合起来使用或交替使用时，就可感受到幸福，由此而揭示了幸福的神秘密码。

作 者：杨长征
定 价：35.00 元
出版社：中国财富出版社

《领导三斧半：
100% 实现目标的领
导智慧》内容简介

　　什么样的领导才能带领团队走向成功？如何做才能称得上是"优秀领导"？本书从古代名将——程咬金的"三板斧"入手，通过形象的语言、生动的案例及清晰的分析，将领导者的工作智慧总结为"领导三斧半"：瞄、抡、砍、变。灵活运用"领导三斧半"，打造名副其实的"优秀领导者"！

作 者：郝枝林　刘飞
定 价：39.80 元
出版社：中国财富出版社

《渠道为王：找
对渠道做销售》内容
简介

　　渠道就是市场，占领渠道就是占领市场。本书从 IBM、DELL 等品牌的实际案例入手，揭示了渠道在市场营销过程中的重要意义。通过渠道理论与实践充分结合，指导实际的销售活动，是一本全面解读渠道战略的实战宝典。

作 者：陈星全
定 价：32.00 元
出版社：中国财富出版社

《谈判攻略：销售这样谈最有效》内容简介

　　本书是一本结合销售实践和谈判技巧的实用工具书，对销售谈判人员在谈判过程中的不同阶段、消费者的不同心理，以及谈判者应该怎么去面对客户等方面都作了详细的介绍，内容通俗易懂，栏目设置精彩纷呈，可以帮助销售人员从根本上理解销售的本质，提升自我销售境界，对销售谈判人员的工作具有指导作用。

作　者：潘永德　　定　价：26.00 元
出版社：中国财富出版社

《藏在口中的财富》内容简介

好的口才有着不可估量的价值，是每个人都需要的生存技能，从工作中的求职升迁，到生活中的恋爱婚姻，从人际交往中的说话办事，到事业中的营销谈判，事事离不开口。

好的口才能使你受益一生，本书正是一本实用口才技巧训练手册，从改善说话声音、表情动作、表达策略等方面重新训练你的口才能力，同时针对生活中与你关系最密切的说话场合，教授你最实用的口才技巧，让你突破语言的障碍，轻松应对各种语言场合！

作　者：匡晔
定　价：32.00 元
出版社：中国物资出版社

《这样销售最高效》内容简介

销售工作可谓"成也在人，败也在人"，而这个"人"就是销售人员。销售人员是市场销售战略的"先知者"，不仅带领着企业拨开销售的层层迷雾，更为重要的是能够发现销售的真谛。本书把销售实战和理论联系起来，使销售人员能够在赢得客户的过程中充分理解销售理论，从而积累深厚的理论素养，指导实际的销售工作。

作　者：龚光鹤
定　价：35.00 元
出版社：中国物资出版社

《领导应该这样当》内容简介

领导是一种经验，领导是一种智慧。本书凝结作者投资大脑近百万的学习精华，巧妙地结合了现代企业快速发展的案例，综合分析了团队建设、投资技巧、建立人脉等领导技能的最新进展，分享了成为优秀领导者的秘诀。通过理论与实践充分结合，将本书打造成提高领导力的终极法则。

作　者：朱广力
定　价：32.00 元
出版社：中国物资出版社

《金牌销售不可不知的 9 大沟通术》内容简介

你是否为自己满腔热情的介绍，客户却无动于衷而烦恼？你是否为自己坚持不懈的努力，产品却无人问津而神伤？你是否为自己勤勤恳恳地工作，业绩却无法攀升而无措？金牌销售的成功战术究竟为何？本书通过分析 9 大沟通战术，结合具体的案例，揭示了成为一名金牌销售的秘密所在。

QIYE CHENGZHANGLI SHUJIA
企业成长力书架

助 力 企 业 成 长

中国财富出版社
北京联大文化

联合出品

作　者：吴群学　　　定　价：32.00 元

出版社：中国物资出版社

《学规则　融团队》内容简介

当你进入一个团队，而自己又不能改变团队的规则，学习和适应规则就成为你进入团队的必修课。记住：学习规则，融入团队，你才能快速地进入职场人的角色。

团队内部的一切问题都来源于规则问题。认识规则、把握规则、利用规则，最终同规则融为一体，才能在职场生存并不断前进。本书将告诉你后 80、90 后职场人快速成长的法则！

职场就是：学规则、用规则、造规则！团队就是：先融入、再切入、后深入！

作　者：蒋巍巍

定　价：32.00 元

出版社：中国物资出版社

《左右逢源：职场人际关系的 9 堂课》内容简介

在职场上，你是否会担心孤立无援？是否会羡慕那些在人际关系上有特别天赋的人？是否希望为自己赢来良好的人际关系？职场成功又该如何界定？本书从职场里的一个个鲜活案例入手，生动地展示了职场中的沟通技巧，让你学会在职场中左右逢源，用人际打开晋升之门。

作　者：于飞

定　价：35.00 元

出版社：中国物资出版社

《向大客户要业绩》内容简介

抓住大客户，就抓住了大订单，抓住了高业绩，抓住了职场前景。所以，抓住大客户是每个销售人员的目标。然而要如何抓住大客户呢？这就是本书的价值所在。应对大客户的方方面面都需要更巧妙的技巧和方法，本书从 20/80 法则入手，帮助销售人员降低在销售工作中的成本投入，并提高能效产出，让销售人员掌握搞定大客户的技巧，在最短的时间拿下最大的订单。

作　者：马斐

定　价：32.00 元

出版社：中国物资出版社

《口碑载道：无本万利的营销方式》内容简介

对于所有企业的市场营销人员或是管理者来说，关注品牌形象和品牌发展，不如先好好了解一下如何做好口碑，这里面的门道究竟几何。本书从各大品牌口碑营销的经典案例着手，透析各家口碑营销之道，从中总结经验和技巧，提示企业市场营销人员及管理者，口碑营销是一门科学，必须认真学习和把握。

QIYE CHENGZHANGLI SHUJIA
企业成长力书架
助力企业成长

中国财富出版社
北京联大文化 联合出品

作 者：袁一峰　　定 价：32.00 元
出版社：中国物资出版社

《卓越从敬业开始》内容简介

爱一行才能干一行，专一行才能精一行。懂得敬业的人生是充实、美丽而快乐的，也唯有如此，才能真正脚踏实地、一步步走向卓越，成为一名卓有成效的员工。本书的出发点就在于让长期停滞不前的职场人士迅速找到桎梏自己职场步伐的原因；牢牢把握鞭策自己敬业而需掌握的心理；轻松学会被细化的、实践性极强的敬业"守则"，最终达到成就卓越的目的。

作 者：吴群学
定 价：32.00 元
出版社：中国物资出版社

《管理就这几招》内容简介

管理说难也难，说简单也简单。本书告诉你，只要掌握 4 招，就能将管理化繁为简，轻松搞定各种企业的各种管理难题。全书以"理论＋实践"的板块构造为你呈现了企业管理者这一特殊角色所应该具备的各种能力、工作方法和技巧。因此，这是一本现代管理领域的实用之作。

作 者：王占坡
定 价：32.00 元
出版社：中国物资出版社

《万金一线牵》内容简介

与客户打着电话开怀畅谈，没有紧张的开场白，没有局促的自我介绍，气氛和谐又温馨，订单随着电话的结束而落下了成功的定音……这就是电话销售。可能吗？请你不要怀疑这样的场景，因为它真实地发生在我们身边。怎么办到呢？秘诀就在你手中的这本书中。

作 者：马斐
定 价：32.00 元
出版社：中国物资出版社

《赢在谈判》内容简介

我们现在所生活的时代是一个随时随地都可能需要谈判的时代，特别是销售人员更是需要用日复一日的谈判来为自己赢得订单、提高业绩、提高收入、表现能力，令上级刮目相看，得到晋升的机会。本书就是力求让每一位"力拼业绩"、想要在工作中扶摇直上的有志之士可以成为谈判高手，为自己、为公司争取更多的利益。因此，本书是你谈判桌上一本智囊宝典。

企业成长力书架
QIYE CHENGZHANGLI SHUJIA

助力企业成长

中国财富出版社
北京联大文化

联合出品

作 者：马斐　　定 价：32.00 元

出版社：中国物资出版社

《拿下大客户》内容简介

企业的大多数利润是靠 20% 的大客户来赚取的。一个企业要发展，就需要有相当的利润作支持，而大客户是企业的利润源泉，生存和发展的助推器。如何获得大客户的签单？如何有效应对大客户的各种要求与质疑？请你不要着急，因为你手里的这本书已经为你考虑到了，并提出了相应的解决方案供你参考。

作 者：覃曦

定 价：32.00 元

出版社：中国物资出版社

《服务制胜》内容简介

服务是一个长期工程，不能掉以轻心，也不能因循守旧，我们必须时时刻刻为客户着想，发自内心地为客户服务，真诚地为客户解决问题，注意细节，勇于创新，给客户提供最周到的服务。

本书分节介绍了各种服务法则，详细地帮助你解决服务过程的种种困扰，让你学会怎样达到客户的要求。

作 者：向成学

定 价：32.00 元

出版社：中国物资出版社

《成交从异议开始》内容简介

本书专门针对客户常提出的各式各样的异议提供有效处理的策略与方法。书中列举了大量的销售案例，并大多以情景模式展开，目的便是更好地通过情景模拟来诠释异议处理的策略精髓。如果你还在为客户所提出的各式各样，甚至是千奇百怪的异议、意见、问题而感到头疼，或者说备受困扰，迫切地想要找到解决方法，那么，本书将为你结束困扰。

作 者：曾展乐

定 价：32.00 元

出版社：中国物资出版社

《成交赢在心态》内容简介

心态是一个人一切言行的控制按钮，这个按钮决定着你生活中的一切。你的心有多高，你就能飞多高。只要拥有自己坚定的信念，不管在什么时候也不会被挫折打倒，你不再是一个弱者，而是一个能够改变自己生活的强者。

让你一步步改变自己的生活，让你成为销售中的强者，看本书怎样为你解答，相信你的选择，一定不会让你失望的。

企业成长力书架
QIYE CHENGZHANGLI SHUJIA

助力企业成长

中国财富出版社
北京联大文化　联合出品

作 者：张野　　定 价：32.00 元
出版社：中国物资出版社

《成交无限》内容简介

销售员在与客户沟通的过程中，80% 的客户或多或少会感到一些反感，这些反感有时会以某种形式表现出来，有时也会隐藏在客户的心里，成为与客户沟通过程中的最大屏障。那么，是什么原因引起的这种情况呢？面对这种情况该怎么处理呢？相信这本书的 55 个技巧对于需要与客户沟通的人将会非常有用，它对于我们与客户将是一个全新的桥梁。

作 者：姜登波　李华
定 价：32.00 元
出版社：中国物资出版社

《赢在管理》内容简介

本书通过对企业管理深入地剖析、分解，找出企业管理误区，并针对企业管理容易疏漏的地方进行填补，是每个企业管理人员手中的指南针，能够帮助迷途创业的人员找到扎营的地点。书内所阐述的问题新锐、真实，解决方法快速、简便，是现代企业领导者所不能缺少的良师益友，能够教导企业领导者如何做"泥菩萨过河，有招可取"的智人。

作 者：文征
定 价：28.00 元
出版社：中国物资出版社

《做世界上最优秀的员工》内容简介

世界 500 强企业集聚了世界上最优秀的人才。你想成为世界 500 强企业中的一员吗？你想知道世界 500 强企业最欢迎什么样的员工吗？你想知道为什么有的员工能够进入世界 500 强企业，甚至会经常受到众多世界 500 强企业的高薪聘请吗？那么，请看本书为您提供的这 7 种工作习惯，它将为您搭建登上世界 500 强这一豪华巨轮的台阶。

作 者：邹金宏
定 价：32.00 元
出版社：中国物资出版社

《麦当劳成功的启示》内容简介

麦当劳是世界 500 强企业之一，有超过一百万的员工，已经在全球 121 个国家设有超过 31000 家快餐店。麦当劳是一个企业，也是一个王国，一个跨区域的王国。是什么原因让麦当劳如此庞大？如此成功？如此奇迹？它到底运用了什么方法？本书通过最真实的笔触，为你提供很多麦当劳成功的智慧和秘诀，使你从中获得有益的知识、借鉴和启发。

QIYE CHENGZHANGLI SHUJIA
企业成长力书架

助力企业成长

中国财富出版社
北京联大文化　联合出品

作者：周锡冰　　　定价：18.00 元

出版社：中国物资出版社

《新员工要懂得的处世心理学》内容简介

新员工大多是在狂涛骇浪里的职场小人物，想要在如今环境糟糕、恶劣的职场上平步青云、如鱼得水，就必须懂得职场的潜规则。本书以大量案例生动地介绍了新员工必须研修的 25 堂职场课程。然而，本书的目的不是描写 25 个职场潜规则，而是为新员工开辟一个顺利的职场人生。

作者：李华

定价：35.00 元

出版社：中国物资出版社

《三分管理 七分领导》内容简介

企业的高度不是来源于管理，也不是来源于高效的执行力，而是来源于领导。卓越的领导，决定着企业无限的发展潜力。

21 世纪的领导力不仅仅是领导的方法和技能，也不仅仅适用于领导者，它是我们每个人都应该具备或实践的一种优雅而精妙的艺术。如果你想摆脱刻板的管理者形象，成为一个形象鲜活、拥有更多追随者的魅力领导，请你将本书作为你的智囊宝典。

作者：李华

定价：32.00 元

出版社：中国物资出版社

《三分策略 七分执行》内容简介

市场上琳琅满目的执行力图书常销不衰，再一次印证了执行力的课题引起了企业主和从业人员的高度关注，甚至可以说，一个企业是否高效，取决于企业团队执行力的强弱。

如果你是一个企业的中层管理者，而且想提高执行力这一决定职场成败最核心的技能，同时，在不断追求卓越，有加薪升职的愿景，那么，请你阅读本书的观点并实践相应的技能。

作者：李华

定价：29.80 元

出版社：中国物资出版社

《三分管人 七分选人》内容简介

从某种意义上来说，企业的竞争就是人才的竞争。作为企业"伯乐"的人力资源经理，如何为企业招聘到像"千里马"般优秀的员工，为企业不断发展适时提供有效的人力资源，已经成为衡量一个人力资源经理是否优秀的核心标准。

本书是专为人力资源经理量身打造的图书，通过学习本书介绍的经验和技巧，你会熟悉并掌握所有管人、选人的全部流程和方法。

QIYE CHENGZHANGLI SHUJIA
企业成长力书架

助力企业成长

中国财富出版社
北京联大文化

联合出品

作者：王一恒　　定价：29.80元

出版社：中国物资出版社

《这样沟通最有效》内容简介

在与人沟通时，需多留心一下沟通技巧。对于管理者来说，掌握全方位沟通技巧就成了必修课。

本书通过轻松幽默的语言、丰富的故事，将沟通能力细化为13个方面，提供了一整套即学即用的管理沟通技巧。全书包括表达、倾听、反馈、批评、赞扬、说服、处理冲突、不同场合、不同对象、不同渠道等沟通技巧，教你如何选择恰当的沟通渠道和沟通方法，怎样依据沟通对象的性格类型选择沟通策略。

本书提供的全方位沟通技巧，既能让你与不同性格的下属进行有效沟通，又能确保你沟通的高效。

作者：管永胜

定价：42.00元

出版社：中国物资出版社

《网络营销的6个关键策略》内容简介

本书作者曾任紫博蓝大客户总监，慧聪网产品总监，网罗天下广告媒介总监，《宠物世界》杂志社运营总监。

众所周知，网络已经渗透到我们工作、生活的方方面面，所以无论你作为一个企业主或从事营销相关的工作者，如果不懂得网络营销，我可以很肯定地告诉你：你失去的将是一个时代！基于此，管永胜通过十多年从事网络营销的经验和潜心研究，提出了从"网络营销"到"网络赢销"的新模式——AISCAS模式！这一模式的提出将为你实现"网络赢销"提供新的启示。

作者：吴永生

定价：26.00元

出版社：中国物资出版社

《这样授权最有效》内容简介

只有授权，才能让权力随着责任者；只有权、责对应，才能保证责任者有效地实现目标。授权不仅能调动下属积极性，也是提高下属能力的途径。

管理者一定要明白：自己的双眼永远要比双手做的事多。

本书立足于中国人思维模式，汲取西方之精华，注重实操性，让管理者即学即用。

作者：李金玉

定价：36.00元

出版社：中国物资出版社

《激活你的团队》内容简介

员工激励是企业的永恒话题，更是企业长盛不衰的法宝。激励的技巧像一团云雾，很难掌握。同一个人，以同样的语速，对不同的人说同样的话，产生的影响可能是不同的。本书中，我们从14个方面对激励的技巧进行了全面的剖析，并且针对不同的人和企业设计了个性化的激励方案，希望能通过这些激励的技巧给企业的管理者一些启示。

QIYE CHENGZHANGLI SHUJIA
企业成长力书架

助力企业成长

中国财富出版社
北京联大文化

联合出品

作　者： 王桂玲　李华　　**定　价：** 16.00 元

出版社： 中国物资出版社

《优秀员工的 8 项修炼》内容简介

今天的成就是昨天的积累，明天的成功则依赖于今天的努力。把工作和自己的职业生涯联系起来，对自己的未来负责，学会容忍工作中的单调和压力，认识到自己所从事工作的意义和价值，就会从工作中获得成就。

作　者： 梁慧

定　价： 26.00 元

出版社： 中国物资出版社

《品牌营销 8 大实战攻略》内容简介

无论在世界哪个角落，这些品牌都是那么的成功。他们用看似和您相同的营销方法，轻而易举地赢得了整个世界的欢迎。

这些品牌为什么能取得成功呢？这是因为他们采用了成功的品牌营销策略，品牌的成功与成功的品牌营销是分不开的。品牌营销，一个让人寄予希望的名词。可以说，成功的品牌营销策略，就是企业赢得竞争的一柄利剑。在市场竞争日益激烈的今天，如何"活学活用"这些成功企业的"不传之密"，如何在市场竞争或营销中将此剑挥洒至极佳境界，是每一个企业所迫切希望学到的。

作　者： 龚俊

定　价： 20.00 元

出版社： 中国物资出版社

《工作无小事》内容简介

小事是过程，大事是结果。大是由小演变而来的。如果一个人一屋都不能扫，谈何扫天下。在工作中，我们只能用 100% 的激情去做 1% 的事，才能成就大事，切记，1% 的失误带来的是 100% 的失败。

作　者： 张伽豪

定　价： 18.00 元

出版社： 中国物资出版社

《你在为谁工作》内容简介

在工作中，不管做任何事，都应将心态回归到零：把自己放空，抱着学习的态度，将每一次任务都视为一个新的开始、一段新的体验、一扇通往成功的机会之门。千万不要视工作如鸡肋，食之无味、弃之可惜，结果做得心不甘情不愿，于公于私都没有裨益。

你还是在不快乐地工作着吗？

打开这本书，让它告诉你工作的意义是什么，帮你找到工作的动力，从而带领你感受工作的乐趣所在！